북즐 지식백과 시리즈 4

알아두면
쓸데있는
사물의
인문학

정수일 지음

북줄 지식백과 시리즈 4

알아두면 쓸 데 있는

사물의 인문학

펴 낸 날   초판 1쇄 2022년 3월 30일

지 은 이   정수일
펴 낸 곳   투데이북스
펴 낸 이   이시우
교정·교열   김지연
편집 디자인   박정호
출판등록   2011년 3월 17일 제307-2013-64 호
주   소   서울특별시 성북구 아리랑로 19길 86, 상가동 104호
대표전화   070-7136-5700 팩스 02) 6937-1860
홈페이지   http://www.todaybooks.co.kr
페이스북   http://www.facebook.com/todaybooks
전자우편   ec114@hanmail.net

ISBN 978-89-98192-99-0 03030

© 정수일

북즐
지식백과
시리즈
04

알아두면 쓸 데 있는
사물의 인문학

정수일 지음

인간과 인간의 문화에 대한 모든 것들을 스케치해 보려고 펜을 들었는데 작업을 시작하자마자 어떻게 써야 할지 아이가 장난감 가게에서 수많은 장난감을 고르기 힘든 것처럼 발명품에 대한 많은 글과 자료들이 이미 많이 쌓여있어서 필자에겐 득실의 양면이 있었다.

어떡하면 덜 중복되고 재미있는 내용을 쓸 수 있을지 고민하였고 54가지를 골라 다른 글들과 차별성을 부여하여 쓰고 그려보았다.

이 책의 내용이 누군가에겐 이미 알고 있어 시시할 수도 있고 혹은 또 다른 시각으로 볼 수 있는 기회를 줄 수도 있을 것이다.

발명품들은 대부분 불편함과 가난, 우연한 실수 등에서 태어난 물건들이며 진화의 과정을 거쳐 더욱 발전되었고 현대산업사회에 유용하게 쓰여 감탄을 자아내게 된다.

글을 쓰면서 무심하게 사용해왔던 주변의 물건들에 수많은 사람들의 노고와 인내, 분노 그리고 절박함의 역사가 깃들어 있는가에 대해 다시 생각하게 되었고 고마움을 느끼게 되었다.

그들은 하나의 발명품을 만들어내기까지 깊은 생각과 인내를 필요로 하는 반복적인 실험을 거쳤을 것이며 어떤 발명품들은 상대적으로 쉽거나 또는 엉뚱한 실수에서 빚어지는 결과물일 수도 있지만, 실수도 노력하는 과정 중 생기는 것이며 노력하는 자에게 그

기회도 오는 법이니 실수에도 박수를 보내야 한다고 생각한다.

군이 제목을 물건들의 인문학이라고 하지 않고 사물(事物)의 인문학으로 고집한 것은 물건이라고 했을 땐 발명의 과정에서 생긴 결과물만을 지칭하는 것 같고 사물이라고 표현하면 어쩐지 발명자의 노력하는 과정과 결과물이 좀 더 세심하게 표현된다고 생각해서이다.

마치 로댕의 생각하는 사람(thinking person)처럼 하나의 발명품을 만들기까지 발명가들은 얼마나 고뇌를 했을까?

가난의 문에서 밑을 내려다보며 자신을 옥죄이는 가난에서 탈출하려고 애를 썼을지도, 아니면 자신 앞에 주어진 연구과제와의 싸움에서 이기기 위해 허세를 벗고 처절하게 싸웠을지도 모른다.

시인처럼 특별한 그들이 있었기에 평범한 수많은 사람들이 문명의 편리함을 누릴 수 있다고 여기며 글을 맺는다.

2022년 2월
필자 정수일

사물이 사람을 간질이는 재미

이 책은 사물의 소종래(所從來)에 대한 지식을 독자들에게 던지는 기본 형식을 활용하지만 기실 저자가 말하고자 하는 서술 시각의 틈새에는 사물의 출생과 성장, 시련과 고난이 인간사의 곡절과 서로 닮아있다는 이치를 독자들이 거듭 생각하게 하는 묘한 매력이 자리하고 있다. 이 책의 남다른 매력이 아닐 수 없다.

어떤 사물을 골똘하게 쳐다보고 있으면 사물이 말을 거는 듯한 경험을 하게 된다. 그 사물은 내가 세상에 만들어 내어준 것도 아니고 사물이 나로 인해 세상을 알게 되는 것도 아니다. 그런데 사물은 나를 보고 나는 사물을 보면서 둘 사이에 미묘한 공유의 자장(磁場)이 형성된다. 정수일 화백의 사물과의 댓거리는 예사 사람이라면 흘낏 지나치는 사물들의 욕망을 저자가 알아차리고 혹은 저자가 사물에 대해 감추어 두었던 욕망의 결핍을 사물이 알아차리고 말을 건넨 결과일 터이다. 그러니 이 책은 사물이 먼저 혹은 저자가 먼저 말을 걸어 주고받은 삼투적 상호 작용이 만들어 낸 것이겠다. 둘이 서로 의도하지 않았으나 사물과 저자는 서로에게 세상을 바라보는 소소하지만 긴요하기 이를 데 없는 시선을 제공한다. 이 책의 장처(長處)는 또한 여기에 있다. 사물이 우리를 간질이는 다채로운 방식을 알아차리는 정수일 화백의 노정기(路程記)는 무료하기만 했던 일상을 잠시 넘어서는 특별한 재미를 독자들에게 더해줄 것이다.

박종성(한국방송통신대학교 국어국문학과 교수)

차 례

01 가리비 조개, 아이작 뉴턴을 비웃다 ○●○ 10

02 갈 길을 제시해 주는 나침반 ○●○ 12

03 군인은 통조림으로 전진한다 ○●○ 14

04 권력자의 상징이었던 우산 ○●○ 17

05 기내 반입이 금지됐었던 손톱깎이 ○●○ 20

06 깨지고 찢어진 자들이여, 내게로! ○●○ 22

07 나르시시즘의 근원인 거울 ○●○ 24

08 녹이 슬어야 빛을 발하는 물건 ○●○ 26

09 누가 용의 수염을 만져보았나? ○●○ 28

10 당구공, 코끼리의 눈물을 닦아주다 ○●○ 30

11 더위의 공포로부터 인류를 구한 캐리어 ○●○ 33

12 먼지를 빨아들이는 실험에서 탄생한 진공청소기 ○●○ 35

13 목숨을 건 실험, 피뢰침의 발명 ○●○ 38

14 무기의 효시(嚆矢)는 어떤 것일까? ○●○ 41

15 바늘구멍이 안겨다 준 행운, 각설탕 포장법 ○●○ 44

16 바늘이 먼저인가? 몸통이 먼저인가? ○●○ 47

17 베어링, 볼펜에서 우주선까지 ○●○ 49

18 병뚜껑에도 과학이 ○●○ 52

19 빨대, 발명에서 추방까지 ○●○ 54

20 사각거리는 연필의 감성 ●●○ 57

21 샤워를 할 땐 가발을 벗고 ○●○ 60

22 세계 경제사를 바꾼 혁신적인 발명품 컨테이너 ○●○ 62

23 세계인의 음료를 담은 게이블탑(Gable top) ●●○ 65

24 세탁기, 짤순이를 아시나요? ○●○ 67

25 속눈썹의 비아그라 ●●○ 70

26 손가락에서 터지는 쾌감 뽁뽁이 ○●○ 72

27 스마트폰의 방패 고릴라 글라스 ○●○ 75

28 슬라이드 패스너로 불렸던 지퍼 ○●○ 77

29 안전벨트 3043625 ○●○ 80

30 엄살 치료제 담 파스 ○●○ 82

31 예법을 가르쳤던 안경 ○●○ 84

32 우연한 발견에서 뜻밖의 발명을 ○●○ 87

33 유리는 고체인가? 액체인가? ○●○ 90

34 은은한 감성의 발견 ○●○ 93

35 이산화탄소 배출의 공범 시멘트 ○●○ 96

36 인두에서 스팀다리미까지 ○●○ 99

37 인류의 역사를 바꾼 바퀴 ○●○ 102

38 인터넷과 개인 방송 ○●○ 108

39 자동으로 충전되는 배터리는 없을까? ○●○ 111

40 자연은 발명의 천재 ○●○ 114

41 작은 거인 'O 링' ○●○ 116

42 작은 분노가 만들어낸 셀카봉 ○ ● ○ 118

43 잘 붙고 잘 떨어지는 포스트잇 ○ ● ○ 121

44 진정한 여성해방의 발명 먹는 피임약 ○ ● ○ 123

45 짠돌이 전략이 가져다준 행운 ○ ● ○ 125

46 천막이 될 뻔했던 청바지 ○ ● ○ 127

47 초콜릿에서 아이디어를! ○ ● ○ 130

48 커피의 발견자 염소 ○ ● ○ 133

49 태양에 특허를 낼 수 있겠나? ○ ● ○ 136

50 파피루스에서 전자종이에 이르기까지 ○ ● ○ 139

51 마네킹의 원조는 허수아비 ○ ● ○ 142

52 베니어판도 맞들면 가볍다 ○ ● ○ 145

53 이가 없으면 임플란트로 산다 ○ ● ○ 148

54 사악한 기계에서 가정의 필수품이 된 재봉틀 ○ ● ○ 150

부록 상상 갤러리 ○ ● ○ 154

01

가리비 조개,
아이작 뉴턴을 비웃다

우리는 눈이 피곤할 때 잠시 눈을 감아 쉬곤 하지만, 걸어갈 때나 작업 중일 때는 한쪽 눈을 감으면 위험이 따라 그렇게 하긴 힘들다.

가끔 눈이 여러 개라면 피곤한 눈은 잠시 감고 쉴 텐데 하는 엉뚱한 생각을 할 때가 있는데, 자연계엔 실제로 눈이 여러 개가 달려있어 그중 몇 개의 눈을 잠시 쉬거나 심지어 몇 개쯤 없어져도 눈앞의 상을 보는데 지장이 없는 생물이 있다.

눈이 많은 생물 중 거미는 8개의 눈을 가지고 있지만, 8개의 눈이 각기 하는 일이 분담되어 있어서 그중 몇 개가 없어지면 거미의 행동에 제약이 따른다고 한다.

조개구이집에서 초고추장에 찍어 먹거나 모차렐라 치즈를 올려 먹는 조개에 수많은 눈이 달려있다고 생각해 본 적이 있는가?

물론 아무 조개나 눈이 있는 것은 아니고 특이하게 가리비 조개에 200여개의 눈이 달려있다고 하는데 조개구이를 먹다가 수많은 눈과 맞닥뜨릴 수 있다고 생각하면 섬뜩한 느낌이 든다.

하지만, 걱정은 안 해도 될 듯, 거의 잘 보이지도 않을 1mm 정도의 크기의 눈들이며 인간의 눈처럼 하나하나가 물체를 또렷이 분간하는 것이 아닌 원시적인 형태의 명암을 판별하는 수준이라니 겁먹을 것은 없다. 훨씬 더 큰 눈을 가진 새우튀김도 눈까지 먹지 않는가?

그러나 중요한 것은 가리비의 눈은 액세서리로 달려있지 않다는 사실이며 약 250도로 배치된 200개의 눈에 의해 포식자를 빨리 발견하고 일시에 물을 뿜어내 마치 토끼처럼 깡충 거리며 도망갈 수 있도록 도와준다.

비록 각각의 눈은 명암 정도를 판별하겠지만 200개의 눈에 모이는 전체 정보는 현대 과학이 자랑하는 첨단 반사망원경의 원리와 똑같은 원리를 품고 있다는 것이다.

이러한 사실들은 이스라엘 바이즈만 과학 연구소의 벤저민 팔머 박사의 팀에 의해 밝혀진 것으로 가리비의 눈은 각막, 수정체, 그리고 특이한 이중 망막, 오목거울 등으로 이루어져 있으며 오목거울에는 렌즈 역할을 하는 나노미터 크기의 수백만 개의 직사각형 모양의 타일 형상을 한 결정체들이 작은 거울처럼 20~30층으로 빽빽하게 쌓여있다.

자연계의 가리비 조개가 이미 이런 원리를 알고 있었으니 힘들게 반사망원경을 발명한 과학자들은 어깨의 힘이 좀 빠질 듯하다.

02

갈 길을
제시해 주는 나침반

나침반(Compass)의 종류는 크게 지구의 자기장을 이용한 자기나침반(Magnetic Compass), 지구의 자전축을 이용한 자이로스코프(Gyroscope Compass), 인공위성의 무선전파를 이용하는 GPS(Global Positioning System) 세 가지가 있다.

빅토르 위고가 나침반을 '배의 영혼'이라고 했듯이 과거 나침반은 인류의 뱃길을 찾아주었던 중요한 도구였으며 지금의 미국도 콜럼버스가 나침반을 이용하여 아메리카 대륙을 발견함으로부터 시작되었다.

산속 깊은 곳 또는 컴컴한 바다 한가운데서 방향을 잃는다면 얼마나 당황스러울 것인가?

다행히 현대에는 나침반의 기술이 발전되어 누구나 휴대폰의 GPS 기능을 사용하면 초행길도 헤매지 않고 쉽게 찾을 수 있다.

나침반의 발명은 대개 중국이라고 하는데 BC 2600년경 '지남거'

라는 수레의 앞에 손가락으로 남쪽을 가리키는 인형을 만들어 붙여 방향을 알았다는 주장이 있으며 약 4세기경『귀곡자』라는 책에는 길을 잃지 않기 위해 '사남'을 이용했다는 기록이 있다.

이는 항해 시 사용된 것이 아니라 주로 풍수나 주술에 사용된 것으로 보이며 이에 반해 서양의 나침반에 대한 기록은 13세기 후반에 등장하며 중국에서 전해진 것으로 알려진다.

세 가지 중 자기나침반(Magnetic Compass)은 지구 자기장을 이용하는 특성상 정확한 방향을 알기가 힘든데 이는 지구 자기장이 계속 변하기 때문이며 태양의 자기폭풍 영향을 크게 받는 단점이 있어 1906년 독일의 과학자 '헤르만 안쉬츠(Hermann Anschutz-Kaempfe)'에 의해 자이로스코프(Gyroscope Compass)의 원리를 이용한 자이로컴퍼스가 발명되었다.

고속 회전을 하는 자이로스코프의 축에 매달린 추는 회전축이 항상 진북을 가리킴으로 오차가 없이 정확한 항해를 할 수 있어서 대형 선박에 필수적으로 사용된다고 한다.

마지막으로 미 공군 제50비행단에서 관리하는 GPS는 유지와 보수 연구개발비로 연간 7억~8억 달러가 든다고 하며 이 GPS(범지구위치결정시스템)은 무기유도, 항법, 지도제작, 측량 등 군사 및 민간 목적으로 쓰이는데 우리는 공짜로 사용하고 있으니 고맙게 여겨야 하겠다.

우리의 인생 항해의 갈 길을 제시해 주는 제 4의 나침반도 있다면 얼마나 좋을까?

03

군인은 통조림으로
전진한다

"군인은 위장(胃臟)으로 전진한다."라고 프랑스의 황제 나폴레옹
이 말하였듯 예나 지금이나 군대의 식품 보급은 전쟁의 승패를 좌
우할만한 중요한 요소이다.

1795년 '나폴레옹 1세(Napoleon Bonaparte)'는 아군의 식품 보
급을 고민하던 중 식품의 신선한 장기 보존 방법을 해결하기 위해
당시 1만 2천 프랑의 어마어마한 상금을 내걸었다. 이에 1804년 제
과점을 운영하던 '니콜라스 아페르(Nicolas Appert, 1749년~1841
년)'는 초기의 통조림 제조법을 창안했는데 입구가 넓은 유리병에
식품을 담은 후 고온의 열탕에서 가열하여 그대로 코르크 마개로
밀봉하는 간단한 방법으로 식품의 저장 기간을 연장하는데 성공
했다. 그는 최초의 유리병 통조림을 탄생시켰으며 나폴레옹 군대의
식품보급에 큰 공헌을 하였다.

그 후 1810년 영국의 '피터 듀란드(Peter Durand)'에 의해 깨지기 쉬운 유리병 통조림의 단점을 극복한 양철을 이용한 방법이 고안되어 오늘 날 캔(Can)이라 부르는 통조림의 원조가 되었다.

아페르, 듀란드 등에 의해서 고안된 통조림 기술은 미국으로 전해져 정육업자였던 제이 호멜에 의해 더욱 발전되었으니 전쟁 중에 탄생한 통조림이 식탁에까지 오르게 된 이면에는 미국의 제이 호멜의 공이 크다.

호멜은 제1차 세계대전 당시 프랑스군의 병참 장교로 복무 중 식품 보급의 중요성을 깨달았고 전쟁이 끝난 후 1936년경 아질산나트륨을 첨가한 돼지고기 통조림을 만들어냈으니 오늘날 우리가 스팸이라 부르는 '스파이스드 햄(Spiced Ham)'이다.

그의 공장에서 만든 스팸은 미군이 제2차 세계대전에 참전하기 전부터 영국군에 공급되었으며 제2차 세계대전 중 거의 90%는 연합군에 납품되어 미군을 포함한 연합군 식량의 약 2/3를 책임졌다고 하니 연합군의 위장을 책임지는 역할을 톡톡히 한 셈이다.

당시의 통조림은 따기가 힘들어 망치와 칼로 따거나 캔 따개(Can Opener)를 이용했으나 최근엔 뚜껑에 원터치 따개가 부착된 제품이나 손이 베지 않도록 안전 뚜껑으로 제작된 것들이 판매되고 있다.

1940년경부터 통조림보다 더 안전하며 가볍고 부피가 작은 휴대식량에 대한 연구를 하던 미군은 1958년 레토르트식품(Retort Food)을 개발하여 전투 비상식량으로 채택하였고 NASA와의 합작으로 레토르트 파우치를 개발하여 1968년 아폴로 8호 발사 시

우주식량으로 이용하였다.

레토르트식품(Retort Food)이란?

편의점 등에서 쉽게 볼 수 있는 '3분 카레'나 '즉석밥' 등 특수한 포장지에 들어 있어서 바로 데워먹을 수 있는 식품을 말하는데 레토르트 파우치에 사용되는 포장지는 열에 무척 강해 110℃~120℃의 고온 살균 과정에서도 비스페놀 A와 같은 환경호르몬이 발생하지 않는 C-PET(Crystallized PET), PP, PSP 등 식품의약품안전처에서 허가한 제품을 사용하므로 안심하고 먹어도 된다.

군사용으로 미국에서 처음 만들어졌지만, 상업용으로는 1968년 일본(오쯔까식품공업)에서 레토르트 카레를 처음으로 생산해 판매하였다.

참고로 우리나라의 첫 레토르트식품의 등장은 1981년 오뚜기식품에서 내놓은 '3분 카레'라는 제품이다.

권력자의
상징이었던 우산

이슬비 내리는 이른 아침에

우산 셋이 나란히

걸어갑니다.

파란 우산 OO 우산

찢어진 우산

좁다란 학교길에

우산 세 개가

이마를 마주 대고 걸어갑니다.

어렸을 적에 누구나 한 번쯤 불러봤을 동요 우산(윤석중/작사,
이계석/작곡)의 가사이다.

위 가사 중 OO에 들어갈 단어는 무엇일까?

그리고 찢어진 우산의 색깔은 어떤 색일까?

난데없는 무슨 퀴즈를 풀라는 것인지 의아한 독자들이 많을 것 같다.

가사 중 찢어진 우산이라는 대목은 요즘의 방수처리가 잘 된 질 좋은 천이 아니라 비닐우산이라는 것을 짐작해 볼 수 있는 대목이다. 박물관에 가야 볼 수 있는 대나무 살을 댄 파란색 비닐우산은 1970년도만 해도 서민들이 많이 사용했었다.

우산의 역사는 BC 11세기경에 중국에서 최초로 발명된 것으로 추측되며 처음엔 접하기 쉬운 깃털과 가죽을 사용하다 기름을 먹인 종이우산을 만들었고 그 후 비단을 사용한 우산으로 발전되어 우리나라를 비롯한 동아시아의 여러 나라로 파급된 후 유럽 등지에서도 널리 쓰이게 되었으며 동양에서는 우산(雨傘), 서양에선 umbra(라틴어: 그늘)에서 유래된 umbrella라고 불리며 상형문자인 산(傘)의 형태를 보아 처음 발명한 중국에서는 햇빛과 비를 피하는 두 가지 용도로, 서양에선 해를 가리기 위해 쓰이다 발전되면서 우산, 양산으로 세분되었다고 여겨진다.

영국에서는 1750년경 우산이 사용되었는데 시초는 러시아와 극동을 오가며 무역을 하던 '조나스 한 웨이(Jonas Hanway, 1712년 ~1786년)'에 의해 전해졌으며 우산을 쓰는 것을 나약하게 생각하던 남성들의 편견에 맞서 평생을 순탄치 않은 우산 보급에 힘썼다.

당시까지의 우산이 나무 재질을 많이 사용하여 무거웠던 반면 1852년 '사무엘 폭스(Samuel Fox, 1815년~1887년)'에 의해 강철 살에 천을 입혀 가볍고 튼튼한 현대식 우산이 제작되어 대중화에 결정적인 역할을 하였다.

하지만 이때까지만 하더라도 우산은 길고 접히지 않는 지팡이 같은 형태여서 사용이 불편했다. 작고 가지고 다니기 편한 접이식 우산은 1677년 프랑스 루이 14세 때 장 마리우스라는 핸드백 장인에 의해 태어나게 되었다.

OO 정답: 검정

기내 반입이 금지됐었던 손톱깎이

손톱깎이는 반달 모양의 날이나 직선형으로 생긴 날을 위아래로 맞물려 손톱이나 발톱을 깎는데 쓰이는 기구이다.

손톱깎이의 날은 우리들의 상식으로는 앞에서 보면 위아래가 정확하게 맞물려 보이지만 옆에서 돋보기로 확대해서 보면 마치 사람의 옥니처럼 아랫니가 미세하게 앞으로 튀어나와 있다.

손톱깎이는 단지 손톱이나 발톱을 깎는 데 그치지 않고 옷의 풀린 실이나 거친 일을 자주 하다 보면 생기는 손거스러미를 정리하는데 유용하다.

손톱깎이의 종류에는 미용을 위한 일반적인 것에서부터 의료용으로 쓰이는 니퍼형 등이 있는데 니퍼형은 발톱이 안으로 파고드는 내향성 발톱을 제거할 때 쓰인다.

손톱깎이 중에는 칼처럼 생긴 작은 줄이 있는 것도 있는데 이것은 손톱을 깎고 나서 그 단면을 매끄럽게 정리하는데 쓰이는 것으로 칼로 인식되어 기내 반입 금지 물품이었으나 2014년 이후에야 겨우 기내 반입 허용 품목으로 되었다. 이 조그만 칼 같지도 않은 것으로 기내에서 테러가 발생할 것을 걱정했다는 건 정말 웃지 않을 수 없다.

너무 작기도 하고 고정 부분이 회전되기 때문에 살짝만 밀어도 돌아가 버려 무기로 쓰일 수 없기 때문이다.

우리나라의 777(쓰리세븐)은 중소기업임에도 세계 1위의 손톱깎이 업체로서 미국의 보잉사와 브랜드가 같아서 한때 상표권 침해 소송에 휩싸이기도 했지만, 1984년부터 이미 미국에 수출했던 물품이기 때문에 특허 선사용권이 인정되어 승소하였고 보잉사와 777브랜드를 같이 쓰는 것으로 하고 로고의 형태만 보잉사와 혼동되지 않게 고치는 것으로 합의했다.

보잉사와의 소송으로 본의 아니게 세계적으로 광고가 되어 잘나가던 쓰리세븐은 안타깝게도 2005년 바이오 제약회사인 크레아젠을 인수했다가 상속세 문제로 사세가 기울어 한때 중외제약에 인수가 되기도 했었고 현재는 창업주 2세 측의 지주회사에 다시 인수된 상태로 또 어떤 변화를 거칠지는 아무도 모른다.

역시 장인은 한길을 걸어야 하나 보다.

그런데 왜 이 기구로 손톱뿐 아니라 발톱도 깎는데 하필 손톱깎이라고만 할까?

깨지고 찢어진 자들이여,
내게로!

어린 시절 연필을 깎다 손가락을 종종 베이곤 했었는데, 구급약 상자라곤 구경도 못해보던 시절이라 임시방편으로 종이를 길게 찢어 스카치 테이프 대신 감아 붙여 지혈을 시키곤 했었다.

요즘처럼 순간접착제를 쉽게 구할 수 있었다면 분명히 순간접착제를 사용해서 상처를 봉합하는 좀 무모한 짓을 했을지도 모르겠다.

실제로 순간접착제는 베트남 전쟁 때 촌각을 다투는 상황에서 수많은 군인의 생명을 구해냈다. 말 그대로 총상을 입은 군인들의 상처를 순간접착 시켰다고 하니 필자의 엉뚱한 생각이 한 번은 맞은 것 같다. 순간접착제는 수분(water)을 만나면 수초, 수분 이내에 굳어버리는데 혈액 역시 수분이므로 똑같은 효과를 냈던 것이다.

원래 순간접착제의 역사는 1942년부터 시작했는데, 미국 '해리 쿠버(Harry Coover, 1917년~2011년)' 박사에 의해 발명되었다. 박사는 이스트먼코닥사의 화학사업부 팀원으로서 '시아노아크릴레이트(Cyanoacrylate-이하 CA로 표기)'라는 화학약품을 이용하여 군대에서 사용할 총의 정밀 조준기용 투명 플라스틱을 개발 중이었다.

박사는 실험 도중 이 물질이 너무 끈적거려 다른 물질에 자주 달라붙자 실험에서 부적합하다고 생각해 대체물질을 찾아 실험을 진행했다.

6년 후 1951년 쿠버 박사는 테네시주의 코닥사 화학공장으로 전근을 하여 전투기의 조종실 덮개용 내열재료(Heat Resistant Material) 연구진의 총감독을 맡게 되었다.

팀원인 '프레드 조이너(Fred Joyner)'가 910번째의 실험으로 CA를 굴절계의 두 렌즈 사이에 분무하는 실험을 하던 중 CA 특유의 성질로 인해 렌즈가 딱 붙어버려 당시로선 거액이었던 3천 달러 정도의 실험기기를 망가뜨리게 되었다.

하지만 쿠버 박사의 발상 전환은 새로운 발명을 탄생시켰는데 6년 전의 실험에 이어 다시 CA의 특이한 성질, 즉 다른 물질의 전자를 강하게 끌어당겨 수분과 결합해 금세 굳어버리는 성질을 재확인한 후 마침내 실패를 성공으로 바꾸었으니 1958년 910번째 실험 실패를 기념해 '이스턴 910'이라고 명명한 최초의 순간접착제를 만들어 냈다.

그 결과는 대성공으로 오늘날엔 여러 유사 상표가 시판되고 있으며 공업용, 의료용, 가정용으로 널리 보급되고 있다.

나르시시즘의
근원인 거울

물의 화학식은 H_2O로 표준 온도 압력에서 무색 투명, 무취 무미한 물질이며 투명하고 잔잔한 연못의 물이나 거울에 얼굴이 비쳐 보이는 것은 빛의 정반사 덕분이다.

그리스 신화에 등장하는 나르키소스는 연못에서 반사된 자신의 모습을 보고 반한 나머지 뛰어들어 죽었다는데 물이나 거울에 비친 모습은 좌우가 바뀌어 보인다는 것을 알고나 뛰어들었는지 모르겠다.

인물사진의 왼쪽 오른쪽을 각각 반전시켜 두 개의 인물사진을 만들어보면 내 안에 또 다른 내가 있다는 것에 누구나 놀랄 것이다.

가장 원시적인 거울이 물이었다면 인류가 자연물을 가공하여 만든 최초의 거울은 흑요석을 갈아 만든 것으로 1960년 BC 6000년경으로 추정되는 흑요석 거울이 터키의 한 고대 무덤에서 발견되었으며 BC 4000년경 메소포타미아 지역에서는 구리로 만든 거울이 발견되었고 중국에서는 BC 2000년쯤 청동거울을 제작해 사용하였다.

거울의 뒷면에 은이나 알루미늄 등의 반사 물질을 얇게 바르는 현대적 방법은 1835년 독일의 '유스투스 폰 리비히(Justus von Liebig, 1803년~1873년)'가 발명해 대량생산 시대를 열었으며 거울의 대중화에 앞서는 계기가 되었다.

우리가 보는 거울은 평면거울로서 입사된 광선이 정반사되는 반사체이며 가시광선뿐 아니라 소리나 전자기파까지 반사시킨다.

거울은 단지 얼굴을 비추는 것에서 시작되었지만 오늘날에는 레이저광선을 발생시키는 데에도 사용되며 카메라와 천체망원경에도 사용되어 우주의 탄생 초기를 비추고 있다.

광활한 우주 속의 외로운 지구가 아닌 천체 어딘가에 있을 또 다른 쌍둥이 지구를 찾는 날은 언제쯤일까.

녹이 슬어야
빛을 발하는 물건

얼마 전 약 15년의 긴 공백을 깨고 매스컴을 통해 전혀 녹슬지 않은 기량을 보여준 가수가 있었다.

가황 나훈아!

2020년 그의 무대는 코로나19로 인해 비대면으로 치러졌지만, 긴 공백에도 불구하고 가수로서 전혀 부족하지 않은 어떤 칭찬을 보내도 모자랄 만큼의 훌륭한 가창력을 보여주었다.

가끔 자기관리에 게으른 나머지 실력이 녹슬어 평소의 기량을 보여주지 못하는 예술가들을 볼 때면 아쉽고 안타깝기도 하지만 녹이 슬어야 제 기능을 발하는 물건이 있다.

핫팩!

아웃도어에서 항상 빠지지 않는 필수품 중 하나로 핫팩이 있다.

캠핑이나 군대에서 훈련을 받을 때 진가를 발휘하는 핫팩은 개봉만 하면 서서히 발열하여 청춘(?)을 불태우며 제 임무를 다하고 재로 남는다.

핫팩의 열이 나는 원리는 간단한데 철의 산화 발열반응을 이용하는 것이다.

남자가 여자를 만나면 사랑에 빠지듯, 철이 산소를 만나면 산화철이 되는 과정에서 열이 나는 것으로 핫팩의 기본 재료는 철분, 활성탄, 염류, 물이다.

사실 못이나 철판 등에 녹이 스는 것도 같은 현상이지만 오랜 기간 동안 천천히 진행되기 때문에 발열을 느끼지 못할 뿐이다.

시판되고 있는 대부분의 핫팩은 약 12시간 정도 지속적인 발열 유지가 된다고 하니 겨울이 되면 주머니에 하나씩 넣고 추위를 이겨보자.

누가 용의 수염을
만져보았나?

예전엔 동네마다 흔히 '스카이콩콩'으로 불리는 기구를 타며 노는 아이들을 많이 볼 수 있었다.

동력이라야 겨우 스프링(Spring)의 반동을 이용하여 지면을 콩콩 뛰며 다니는 꽤 재미있는 기구였지만 요즘은 잘 볼 수 없다.

스프링(Spring), 즉 용수철(龍鬚鐵)의 어원을 살피자면 이는 용수(龍鬚)의 성질을 가진 철에서 근원(根源)한 것이다. 용수(龍鬚)는 용의 수염을 말하며 용의 돌돌 말린 수염을 잡아당겼다 놓으면 원래대로 되돌아간다는 것에서 나온 말이라고 한다.

인류가 용수철의 원리를 알아내 생활에 이용한 시기는 정확히 알 수 없지만, 선사시대 때부터 이미 시작되었을 것이며 수렵을 위한 무기나 포획 장치에서 비롯되었을 것으로 본다.

당시 사용한 초기의 활이나 덫 등도 스프링의 원리를 이용한 것으로 등나무나 대나무 등의 탄성이 좋은 재질을 사용한 것에서 시작되었으며 점차 문명의 발전에 따라 금속의 복원력을 이용한 스프링이 발명되었다.

초기의 스프링이 사용된 예로선 가위, 핀셋 등 U자 형태의 것이 있으며 우리가 많이 보는 코일 형태는 15세기에 발명되었는데 1524년 피터 헨레인이 용수철을 사용하여 작동하는 회중시계를 발명하였고 1559년에는 al-Din에 의해 용수철로 작동하는 천문 시계가 만들어지기도 했다.

1678년 영국의 물리학자 로버트 훅은 훅의 법칙(Hooke's law)을 만들었다. 이 법칙은 용수철 등의 탄성체가 어떤 외력에 의해 늘어나거나 줄어들었을 때, 힘이 가해지지 않을 경우에는 고유의 모습으로 복원되려는 힘의 크기와 변형되는 정도 사이의 관계를 말한다.

초기의 U자형 비코일 스프링(Non-Coil Spring)은 그야말로 보잘것없었지만, 현대에 들어서 CAD 시스템의 도입과 철강 산업의 발전에 힘입어 방진용 스프링으로 사용되는 거대 스프링, 휴대전화나 의료용으로 사용되는 극소 코일(Minuscule Coils) 등도 생산되고 있다고 하니 용이 들으면 깜짝 놀라 수염을 떨 것이 분명하다.

용수철의 어원이 용의 수염이라는데 아직껏 용을 본 사람이 없다고 하니 아쉽다.

당구공,
코끼리의 눈물을 닦아주다

배구공, 축구공, 야구공, 탁구공, 볼링공, 당구공 등 많은 공이 있지만, 당구공만큼 작고 딱딱한 공은 보질 못했다.

당구공은 적당한 무게감과 단단함, 당구대로 타격할 때 경쾌한 소리는 말할 것도 없고 정전기 발생으로 인한 오염이 없어야 하는 까다로운 조건을 충족시켜야 당구대라는 사각의 링에 오를 수 있다.

당구의 정확한 기원을 알 수 없으나, 현대식 당구의 시초는 14세기경 영국에서 크리켓 경기를 실내용으로 고안한 것과 16세기경 프랑스의 A. 비니가 왕실용으로 고안한 것이라고 본다.

물론 다듬어진 현대식 당구와는 좀 다르게 큐대도 금속막대였고 살짝 굽은 형태라고 한다.

크기에 비해 무겁고 단단한 당구공이 부드럽고 경쾌하게 각을 주며 당구대 위를 선회할 수 있는 당구대 위를 선회할 수 있는 것은 당구대 모서리의 쿠션 덕분으로 과학적 원리가 숨어 있다. 쿠션의 역할은 당구공과 당구대를 보호하는 것 외에 당구공의 운동에너지를 순간적으로 받아들였다가 다시 똑같은 각도로 반사시켜준다는 데 있다.

당구공은 초기에는 나무로 만들어 쓰기 시작했으나 19세기 중반부터는 상아로 만들기 시작했다. 피아노 건반의 재료와 빗, 보석함 등의 제작으로 상아의 수요가 급증하고 상아를 구하기 위한 코끼리 밀렵의 금지가 가시화되자 업계에서는 상아를 대체할 당구공의 재질이 절실하게 요구되었으며 결국 1863년 미국의 펠란-콜란 사는 천연 상아를 대체할 재료 발견에 무려 1만 달러의 현상금을 걸었다.

이에 독일 출신의 '존 웨슬리 하얏트(John Wesley Hyatt, 1837년 ~1920년)'가 질산섬유소와 장뇌를 섞어 압착해 만든 당구공을 만들어 제출했으나 1만 달러의 반인 5천 달러밖에 현상금을 타지 못했다

이유는 당구공이 큐대에 맞는 순간 폭발하는 웃지 못할 일이 생겼기 때문이다.

하지만 당구공의 재료로 발명한 셀룰로이드(Celuloid=질산섬유소+장뇌)라는 인류 최초의 플라스틱을 발명하게 되었으며 현대 생활에서 플라스틱을 빼면 생활의 사이클이 멈출 정도이니 결국 이것으로 인해 하얏트는 돈방석 위에 앉게 되었다.

플라스틱의 발명은 하얏트에게는 돈방석을, 인류에겐 편리함을, 코끼리에겐 멸종을 면하게 해주었지만, 당구공처럼 둥근 지구에는

치명적인 쓰레기를 안겨주고 있다.

　하루빨리 자연 분해되는 친환경적인 플라스틱이 상용화되었으면
하는 바람이다.
　참고로 '멸종 위기종의 국제무역협약(CITES)'에서는 1989년 상
아 거래를 전면 금지했다.

더위의 공포로부터
인류를 구한 캐리어

우리나라의 대중교통수단에 가장 먼저 에어컨이 설치된 사례는 1969년 2월 8일 첫 운행을 한 초특급 관광호로 현재 ITX-새마을호의 전신이다.

관광호는 현재의 새마을호와는 스펙에서 비교불가의 차원이었는데 그 당시엔 청와대에도 없던 에어컨을 설치했으며 객차는 특 1등과 1등으로만 구성되었고 요금(서울~부산)은 편도로 특 1등은 4천 7백 원, 1등은 4,200원이었다.

당시의 화폐가치를 통계청의 소비자물가지수 계산에 의해 비교하자면 당시 4,700원은 2021년 현재 124,512원으로 환산되나 서민들이 느끼는 실제 체감 지수는 훨씬 높았을 것이다.

1973년 오일쇼크 직전의 고위 공무원 월급이 2~3만 원대였고 저임금 종사자의 월급이 1만 원 정도였으니 당시 서민들로선 꿈도 꾸지 못할 금액이었다고 하겠다.

고온다습한 여름철 에어컨 없이 생활한다는 것은 정말 지옥과 같을 것이다.

지금이야 에어컨 없는 집은 손꼽을 정도여서 아파트를 올려다보면 집집마다 부착된 에어컨이 마치 하나의 설치미술작품처럼 보인다.

그렇다면 불쾌지수를 제거해 천국의 평화를 안겨준 위대한 에어컨 발명자에게 노벨평화상을 줘야 하는 것이 아닐까?

아쉽게도 캐리어에게 노벨평화상은 수여되진 않았지만, 권위 있는 미국 기계 엔지니어 협회 (American Society of Mechanical Engineers)의 ASME 메달을 수상했다.

'윌리스 해빌랜드 캐리어(Willis Haviland Carrier, 1876년 11월 26일~1950년 10월 7일)'는 미국 뉴욕의 앵골라에서 태어나 1901년 코넬대학에서 기계공학 학사학위를 취득하였다.

이후 '버팔로 포지 컴퍼니'에 입사한 후 1902년, 여름철 고온 다습으로 인한 인쇄의 어려움을 해결해 달라는 새킷-빌헬름 석판출판사(Sackett-Wilhelms Lithographing & Publishing Company)의 개발 의뢰를 받게 되었고 마침내 7월 17일 설계도를 완성해냈으니 바로 최초의 에어컨이 탄생한 것이다.

이후 인쇄업계의 주문으로 탄생한 에어컨은 공장뿐 아니라 가정과 학교, 병원 등에 설치되면서 본격적인 에어컨 시대가 시작되었다.

하지만 이 위대한 발명품도 전기료 앞에선 움찔할 수밖에 없는데 적정온도를 26~28도로 맞추고 선풍기를 틀어 공기를 순환시키면 전기료를 대폭 절약할 수 있다고 하니 지혜롭게 사용해야겠다.

먼지를 빨아들이는
실험에서 탄생한 진공청소기

지구 주위를 떠도는 우주의 쓰레기는 약 60~70만 개가 넘는다고 한다. 수명을 마친 우주선이나 로켓, 스테이지 등처럼 큰 것을 비롯하여 부서진 인공위성이나 로켓 등의 파편 등 대부분 10cm 이하의 크기에 불과하지만, 초속 7~8km에 달하는 속도의 운동에너지를 지니고 있어 우주선에 충돌하면 치명적인 위험을 줄 수 있다.

만약 우주 쓰레기에 의해 이러한 충돌이 실제로 일어나면 충돌에 의한 재충돌로 그야말로 충돌 도미노 현상이 생기고 하늘길 자체가 막히는 케슬러 신드롬(Kessler Syndrome)이 발생할 수도 있다.

이런 위험을 제거하고자 실제로 영국의 서리대 우주센터에서 그물을 이용한 우주쓰레기의 포획방법을 시도하여 성공한 사례를 보고 필자는 우주의 가장 강력한 진공청소기인 블랙홀을 잘 조종하는 기술이 있다면 우주 쓰레기는 간단하게 처리될 수 있을 것 같다는 황당무계한 생각을 해보았다.

예전이나 지금이나 인간의 삶은 먼지와의 전쟁이라고 해도 과언이 아닐 것이다.

초기의 진공청소기는 카펫 문화가 발달된 유럽에서부터 시작되었으며 카펫에 박힌 먼지나 진드기 등의 제거에 큰 효과를 발휘하였다.

진공청소기는 완벽한 의미의 진공은 아니고 공기의 압력 차이를 이용한 것으로 1901년 영국의 엔지니어인 '허버트 세실 부스(Hubert Cecil Booth, 1871년~1955년)'는 손수건을 입에 막고 먼지를 빨아들이는 실험에서 힌트를 얻어 흡입식 진공청소기를 최초로 발명하였다.

하지만 그가 발명한 진공청소기는 그 크기가 마차에 싣고 다녀야 할 만큼 거대해서 상용화되지 못하였고 버킹엄 궁전이나 성당 등 큰 건물에서 의뢰를 받고 청소를 하였다.

1907년 천식 환자였던 미국의 '제임스 엠 스팽글 러(James M. Spangler, 1848년~1915년)가 자신의 건강을 위하여 휴대용 진공청소기를 발명하였으나 크게 빛을 보지 못하고 1908년 그의 친척인 '윌리엄 후버(William Hoover)'가 특허권을 산 후 마침내 상업화에 성공하여 세계적으로 널리 퍼지게 되었으며 우리나라에서는 1960년대에 들어서 처음으로 진공청소기의 국산화를 이루었다.

진공청소기는 거의 모든 제품이 먼지를 모으는 먼지봉투가 있기 마련이나 1979년 영국의 '제임스 다이슨(James Dyson)'에 의해 원심분리기형 집진장치를 부착한 진공청소기가 발명되었는데 다이슨

청소기는 먼지봉투가 없음으로 봉투 구멍의 막힘으로 인한 성능 저하가 없다는 장점이 있다.

진공청소기의 몇 가지 형태

1. 캐니스터형: 우리나라의 가정에서 가장 많이 쓰이는 형태.

2. 업라이트형: 미국 등지에서 많이 쓰이는 형태.

3. 드럼형: 주로 산업용이나 업소 등에서 많이 사용하는 대형 청소기.

4. 핸디형: 충전식 배터리를 장착하여 휴대하기 쉬운 무선형.

5. 인공지능형: 센서를 장착한 무선형 로봇 청소기.

13

목숨을 건 실험,
피뢰침의 발명

피뢰침(lightning rod)은 미국의 벤저민 프랭클린에 의해 발명되었다.

번개가 날카로운 창이라면 피뢰침은 단단한 방패에 해당되는데 우리 지구상에는 하루에 4만 번, 1초당 약 100번 정도의 번개가 내리친다고 한다.

번개가 내리칠 때의 전압은 약 1억 볼트로서 태양보다 약 5배나 높은 약 3만℃의 고온을 발생시킨다.

번개, 벼락, 낙뢰 등은 같은 뜻이지만 번개는 구름과 구름, 구름과 지표면 사이에서의 방전 현상으로 생기는 스파크를 말하며 구름에서 지표면으로 떨어지는 번개를 벼락 또는 낙뢰라고 부른다.

프랭클린은 1752년 6월 주변 사람들의 만류를 물리치고 아들 윌리엄과 함께 세상에서 가장 위험한 실험을 시도했다.

삼나무 막대와 명주천을 이용하여 만든 연이 실험도구였다. 연의 지지대인 삼나무에 날카로운 철사를 매달아 연줄을 연결하였으며 프랭클린이 잡고 있는 연줄 끝에는 구리 열쇠와 실크 리본을 매단 형태였다.

먹구름이 가득 낀 밤하늘을 바라보며 죽음을 각오하고 번개를 기다리는데 비가 내리기 시작하였고 갑자기 연줄의 보푸라기들이 일어서자 프랭클린은 재빨리 열쇠에 손가락을 갖다 대었다.

프랭클린은 그 순간의 기쁨을 자신의 일기에 '엄청 강한 충격이었지만 아픔보다 기쁨을 훨씬 더 크게 느꼈다.'라고 기록했다.

이 실험으로 번개가 구름과 지표면에서 발생하는 전기임을 증명한 프랭클린은 구리선을 이리저리 엮어 만든 막대기에 종과 청동 공을 달아 번개가 내리쳐 공에 맞으면 종소리를 낼 수 있도록 만든 실험을 시도하였다.

번쩍!

번개가 내리치는 어느 날 밤 프랭클린은 침대 위에서 종소리 대신 집안을 훤히 비추는 백색 광선을 보게 되었다.

이는 번개가 구리선과 종을 통해 땅 밑으로 흡수되는 과정이었으며 피뢰침을 발명하는 위대한 순간이었다. 피뢰침이 발명된 것도 약 270여 년이 되었지만, 피뢰침의 근본 원리는 크게 바뀌지 않았으며 인류의 발명품 중 진화가 가장 더딘 발명품에 속한다.

지구온난화로 인해 벼락의 발생 빈도는 점점 높아지고 있는데 지금까지의 피뢰침 기술로는 그 피해를 충분히 막을 수 없다.

최근 옴니엘피에스(OMNILPS)라는 우리나라 중소기업이 발명한 '쌍극자 피뢰침'이 제2의 벤저민 프랭클린에 버금가는 발명으로 세계의 주목받고 있는데 이 기술은 2013년 미국의 〈IEE 논문 심사〉를 통과했다.

　'쌍극자 피뢰침'의 핵심 원리는 접근하는 뇌운(雷雲)의 전하를 선행 방전(코로나) 시켜버려 아예 낙뢰의 조건을 만들지 않는 기술로 여러 나라의 특허를 받았다.

　프랭클린은 피뢰침의 발명을 인류를 위해 특허를 내지 않았으나 상업화된 현대의 기술력은 그것을 허락하지 않는 모양이다.

14

무기의 효시(嚆矢)는
어떤 것일까?

효시(嚆矢)라는 말은 『장자』의 「재유편(在宥篇)」에 나오는 말로, 전쟁을 시작할 때 우는 살을 먼저 쏘았다는 데에서 유래한다.

인류가 농경을 시작하기 전 원시생활에서 식량을 얻기 위해서는 수렵이 아니면 고작해야 산야의 열매를 채취하는 것이 전부였을 것이며 어류나 날짐승을 잡기 위해서는 돌팔매, 나무 꼬챙이 등을 사용하다가 칼이나 창 그리고 탄성을 이용한 활을 발명해 냈을 것으로 생각한다.

활은 동서양을 막론하고 일찍이 선사시대부터 총포가 등장하기 전까지 수렵과 전쟁에서 큰 힘을 발휘했던 무기이며 역사적으로 다양한 형태로 발전해왔다. 길이에 따라 단궁(Short Bow)과 장궁(Long Bow)으로 나뉘며 재료에 따라서 단순궁·강화궁·합성궁으로 구분하는데 단순궁(單純弓)은 대나무나 목재만을 이용하여 만든 간단한 활이며 강화궁(強化弓)은 활의 몸체에 끈이나 등나무

줄기를 감아 탄성을 높인 활이고 합성궁(合成弓)은 활의 몸체에 물소의 뿔, 소의 힘줄 등의 재료를 조합해서 만든 것으로 우리나라의 각궁이 대표적이다.

서양의 장궁은 중세 영국의 에드워드 3세 때 사용되었으며 동양에서는 일본의 활이 장궁으로 알려져 있다.

서양의 활은 단궁, 장궁, 크로스 보우 등 여러 종류가 있지만, 현대에서 사용되는 활은 올림픽 정식 종목인 '리커브 보우'와 아시안 게임에서 쓰이는 '컴파운드 보우'가 대표적이다.

우리 민족의 활의 역사는 고조선의 단궁(檀弓)을 기원으로 하며 전통적으로 활을 중시해 왔다. 삼국시대에 이르러 각궁의 등장으로 왕성한 발전을 하여 조선의 각궁으로까지 이어졌으며 특히 고구려에서 사용한 것을 맥궁이라 하였다.

안시성 전투에서 양만춘 장군이 고구려를 침입한 당나라 태종 이세민의 눈알을 맞춰 퇴각하게 만든 활도 바로 맥궁이며, 중국 후한시대의 허신이 쓴 『설문해자』에 우리나라를 동이(東夷)라 표기한 것을 근거로 (夷를 파자*하면 大+弓) 우리 민족을 동쪽의 활 잘 쏘는 민족이라고 보는 설도 있는 것을 볼 때 우리 민족의 피에는 분명 활 잘 쏘는 DNA가 있는 모양이다.

맥궁보다 더 발전한 활이 조선시대의 각궁인데 역사적으로 활의 모양새와 제작 과정을 알 수 있는 것은 조선시대의 각궁이 유일하며 조선왕조에서는 유교를 신봉하여 활쏘기를 나라를 지키는 무예

이자 심신단련의 수단으로 장려하였다.

　현대에서는 총포와 미사일 등 강력한 무기의 발전으로 밀려나 스포츠화 되었지만, 심신을 단련하는 중요성은 그대로 이어지고 있다.
　현대 스포츠에서의 활은 아쉽게도 서양의 활 즉, 양궁으로 대표된다. 하지만 올림픽 등에서 우리나라의 선수들이 상위권을 휩쓸고 있으니 그 뿌리는 국궁의 깊은 전통에 있다고 할 것이다.

* 파자: 한자(漢字)의 자획을 나누거나 합하여 맞추는 것.

15

바늘구멍이 안겨다 준 행운,
각설탕 포장법

'하늘에서 돈벼락이나 안 떨어지나!'

고된 하루하루가 어깨를 짓누르고 희망 없는 나날들을 지내다 보면 누구나 한 번쯤 복권이나 큰 행운을 꿈꾸게 된다.

신대륙을 발견한 미국은 한때 유럽 등지에 각설탕을 수출해 큰 재미를 보았는데 당시 차 문화의 발달로 인해 각설탕은 홍차나 커피에 타 마시는 필수 제품으로 각광을 받았다.

각설탕의 수요가 폭발적으로 늘면서 각설탕 회사는 한 가지 고민거리가 생겼는데 습기에 약한 각설탕이 항해 도중 배 안의 높은 습도와 온도로 인하여 상당 분량이 녹아버렸기 때문이다.

이로 인해 주수입국이었던 유럽에서는 수요를 충당치 못해 각설탕 값이 폭등하게 되었고 수출회사 역시 많은 손해를 입게 되자 각설탕을 녹지 않게 운반할 포장법을 현상공모하게 되었다.

20대의 젊은 청년 존은 3개월이나 걸릴 긴 항해를 얼마 앞두고 길을 걷던 중 벽에 붙은 각설탕 회사에서 내건 현상 포스터를 보게 되었다.

순간 기발한 아이디어를 떠올린 존은 바로 화물선으로 달려갔다.

바로 이거야! 화물칸 안에서 존은 쾌재를 부르며 환호했다.

3개월간의 긴 항해를 마치고 귀항한 존은 곧바로 각설탕 회사를 찾아가 사장을 만나려 했으나 남루한 행색의 존을 의심한 사원들에 의해 제지를 당했다.

"누군데 문 앞에서 시끄럽게 그래?"

사원들이 비키자 존은 '이게 당신들이 찾던 그 포장지입니다.'라며 꼬깃꼬깃한 각설탕 포장지를 사장의 책상 위에 펼쳐놓았다.

"아니, 이게 뭐야? 이건 우리 회사의 포장지와 똑같은 것이 아닌가."

"자세히 보시면 뭔가 다른 것을 발견하실 겁니다."

과연 존이 내민 각설탕 포장지에서는 미세한 바늘구멍을 발견할 수 있었고 실험을 통해 이 포장지로 포장한 각설탕이 전혀 녹질 않는 것을 확인할 수 있었다.

사실 존은 아이디어가 떠오르자마자 배 안의 창고로 달려가서 떠오른 아이디어를 확인했던 것이다. 창고 안에는 습기를 빼기 위해 만든 작은 구멍이 많이 뚫려 있었고 여기서 힌트를 얻은 존은 각설탕 포장지에 바늘구멍을 내서 포장을 해보았던 것이며 항해

중 여러 번 실험을 한 결과 각설탕이 녹지 않고 멀쩡함을 확인했던 것이다.

존은 이 아이디어로 당시로써는 큰돈인 약 20만 불의 상금을 받았다고 한다.

아이고! 아까워라. 그 정도는 나도 발명할 수 있었는데,

16

바늘이 먼저인가?
몸통이 먼저인가?

닭이 먼저인가? 달걀이 먼저인가?

이 해묵은 논쟁은 2010년 영국 셰필드대와 워윅대 연구팀에 의해 닭이 먼저인 것으로 규명되었다.

비슷한 예로 주사기의 바늘이 먼저인가? 주사기의 몸통이 먼저인가? 라는 질문에 우리는 어떤 답을 하게 될까?

닭과 달걀의 경우와는 달리 주사기는 바늘이 먼저라고 할 수 있겠다.

물론 필자가 말하는 주사기는 오늘날 우리가 접하는 주사기와 그 원리와 형태가 같고 치료의 목적으로 쓰인 제대로 된 피하주사기를 말한다.

1844년 아일랜드의 의사 '프란시스 린드(Francis Rynd, 1801년 ~1861년)'는 신경통 환자들을 치료하기 위해 속이 빈 바늘을 만들어 약물을 주사하였다.

한참 지난 1853년에 프랑스 외과의사인 '샤를 가브리엘 프라바츠(Charles Gabriel Pravaz, 1791년~1853년)'와 스코틀랜드 의사 '알렉산더 우드(Alexander Wood, 1817년~1884년)'가 각각 주사기를 만들었는데 바늘이 만들어진 후 왜 이렇게 늦게야 주사기가 완성되었는지 의아하다.

누구나 어릴 적 학교에서 단체로 예방주사를 맞을 때의 공포심을 기억할 텐데 가끔 다 큰 성인이 병원에 와 주사를 맞으며 엄살을 부리는 것을 보면 우습기도 하다.

주사기를 사용하면 바르거나 먹는 것보다 훨씬 약효가 빠른 장점이 있지만, 바늘에 의한 공포심과 아프다는 단점, 주사 약물의 오용 시 치명적인 위험, 그리고 주사기의 재사용에 의한 2차 감염의 문제가 따른다.

주사기 재사용에 의한 감염을 예방하고자 1956년 뉴질랜드의 약학자 콜린 머독에 의해 플라스틱 일회용 주사기가 개발된 이래 재사용에 의한 감염을 대폭 줄이게 되었다.

2007년 9월 미국의 HP에서 고통 없는 미세바늘 패치를 개발하였고 가장 최근인 2017년 우리나라 서울대 기계항공공학부에서 로켓엔진의 원리를 이용하여 '바늘 없는 주사기'를 개발을 했다.

아쉽게도 앞으로 엄살떠는 어른들을 구경하기 힘들게 될지도 모르겠다.

베어링,
볼펜에서 우주선까지

　보이지 않는 곳에서 묵묵히 힘든 일을 감내해내는 사람을 일컬어 마치 곰 같은 사람이라고 말하기도 한다.

　bearing은 'bear' 즉, 곰처럼 무거운 짐을 지탱하며 물건을 이송한다는 뜻에서 유래한 단어로 과연 그 재질을 살펴보면 깜짝 놀랄만큼 경도가 높은데 철제의 경우엔 특수 베어링강이 있으며 비철재료로는 베릴륨, 사파이어, 합성 루비 그리고 세라믹 등이 주로 쓰인다.

　현대의 모든 산업분야에 베어링의 사용은 필수적인데 그 구조에 따른 분류를 몇 가지 나열해 보자면 구름베어링(rolling bearing), 플레인 베어링(plain bearing), 유체 베어링(fluid bearing), 자기베어링(magnetic bearing), 슬리브 베어링(sleeve bearing) 등이 있으며 필자가 전문지식이 없어 간단하게 몇 종류만 적어 보았으며 우리가 일반적으로 알고 있는 종류는 구름베어링을 말한다.

베어링은 단단하기도 하지만 산업전반에 쓰이는 그 쓰임새의 넓음에 놀라게 된다.

일상에서 너무도 흔하게 쓰이는 볼펜심에서부터 우주로켓, 그리고 군사무기, 진공청소기 등등 회전체가 있는 거의 모든 기계에 베어링이 꼭 들어간다.

2015년 중국의 리커창 총리는 자국의 전문가 좌담회에서 '중국 기업들은 왜 볼펜 하나도 제대로 못 만드느냐'라고 질타했었다고 한다.

세계의 공장을 자처하던 중국이었지만 정작 볼펜심 하나도 제대로 만들지 못하고 수입에 의존하였으니 자괴감에 빠질 만도 하다. 사실 중국 정부는 2011년 볼펜 국산화를 목표로 잡고 그 후 2016년까지 약 5년간 6천 위안(105억 원)이 넘는 연구비를 투자하여 볼펜심의 자국화에 성공했다.

조그만 볼펜을 생산해 내는 것도 고도의 전문 기술인 베어링 기술이 들어가 그만큼 어려웠던 것인데 유인우주선을 발사하고 항공모함까지 만들었으며 2019년 1월 4일 인류 최초로 달의 뒷면에 무인탐사선 청어 4호를 착륙시키는 개가를 올린 중국 입장에서는 참 답답하기도 했을 것이다.

심해는 상상을 초월하는 높은 수압이 있어 탐사가 어려운 곳이다. 심해 6000m 이상을 탐사하는 심해유인잠수정 보유국은 미국, 프랑스, 러시아, 중국, 일본, 등 5개국에 불과하며 우리나라도 6500m까지 탐사할 수 있는 심해유인잠수정을 2017년~2022년까지 약 6년간의 개발에 착수한 상태로 세계에서 6번째의 심해유인 잠수정 잠정 보유국이다.

심해 6500m 정도의 깊이라면 1평방 cm 당 650kgf(약 650kg)의 수압을 받는데 이 정도의 수압이면 사람이 즉사하는 수압이라고 한다.

이에 비해서 베어링의 하중 지지력은 1평방 cm 당 1,000~25,000kgf 인데 이는 1만~2만 5천 기압에 해당되며 얼른 상상이 안 가는 수치로 4~5기압 정도의 수심만 내려가도 빈 맥주 캔이 납작하게 쭈그러들 정도라고 하니 상상이 갈지 모르겠다.

그리고 보니 작은 볼펜의 모습과 우주선의 모습이 비슷하게 생겼다.

18

병뚜껑에도
과학이

아일랜드 출신 '윌리엄 페인터(William Painter, 1838년~1906년)'
는 스무 살에 아메리칸드림을 품고 미국에 이민 간 기술자였다.

그는 위조지폐 감별기, 사출좌석 등의 발명을 하였으나 큰 성공
을 못 하다가 일회용품에 눈을 돌리게 되었다.

1880년대에는 약국에서 여러 가지 시럽이 섞인 탄산음료를 만들
어 팔았는데 음료를 오래 보관할 병입 기술이 없어 가정에까지 보
급이 어려웠다.

윌리엄 페인터는 바로 이런 점에 착안하여 유리병 마개가 탄산의
압력을 견디게 만든다면 상업적으로 큰 성공을 거두리란 확신을
얻게 된 후 병입 기술 개발에 착수하게 되었다.

오늘날 흔히 볼 수 있는 병사이다나 병맥주 등에 바로 윌리엄 페
인터에 의해 개발된 병뚜껑 기술이 사용되고 있다.

병뚜껑은 마치 그 모습이 왕관을 연상시켜 크라운 캡이라고 명명되었으며 정확히 21개의 주름이 국제규격으로 잡혀있다.

그렇다면 왜 하필 21개의 주름일까? 윌리엄 페인터는 무려 5년간 걸쳐 약 3,000개의 병뚜껑 비교 실험을한 결과 19개면 탄산가스가 새나가고 24개면 병뚜껑을 딸 때 병 입구가 자주 파손되는 결과를 얻게 되었다.

그리고 1892년 이 병뚜껑에 대한 특허를 획득했으며 'Crown Cork & Seal Company'를 설립해 오늘날에 이르고 있다.

맥주를 마실 때 21개의 수학적인 원리를 생각하게 된다면 술맛은 어떨까? 뭐 똑같겠지.

19

빨대,
발명에서 추방까지

빨대, 말 그대로 음료를 빨아 마시기 위해 만든 대롱으로 순수한 우리말이다.

짚을 영어로 Straw라고 하는데 벼나 밀 등의 이삭을 떨어내고 남은 속이 빈 줄기를 말하며 이를 통해 빨대의 기원이 농경사회와 연관이 있음을 추정해 볼 수 있다.

역사상 빨대의 기원은 엄청 오래된 것으로 고대 수메르인들이 맥주를 마시기 위한 도구로 밀짚을 사용했다는 기록이 남아있다.

당시의 맥주는 지금처럼 깨끗하게 정제된 제품이 아니고 맥아를 나무통 등에 넣어 발효시킨 것으로 바닥엔 앙금이 가라앉고 위층엔 불순물들이 떠서 그냥 마시기가 불편해 이를 해결하고자 농경사회에서 접하기 쉬운 속이 빈 짚을 사용해 마셨다고 한다.

현대적인 빨대의 발명가는 미국인 '마빈 스톤(Marvin C. Stone, 1842년~1899년)'으로 요즘 사용하고 있는 것은 절대다수가 플라스틱으로 만든 일회용 빨대이다.

1800년대까지만 해도 위스키나 맥주를 마실 때 밀짚 대를 이용하였는데 밀짚 대 특유의 냄새가 그 고유의 맛을 해쳐 많은 사람이 불편해했다.

손이 직접 컵에 닿으면 맥주나 위스키의 차가운 온도를 오래 유지하기 어려워 불편하지만, 빨대를 쓰지 않을 수 없었고 마빈 역시 그중 한 사람이었다.

1888년 어느 날 워싱턴의 한 담배공장의 직원이었던 마빈은 위스키 잔을 앞에 두고 고심하던 중 문득 밀짚 빨대가 자신이 말고 있는 담배와 비슷하다는 연상하게 되었고 곧 종이를 적당하게 잘라 종이 빨대를 만들어 위스키를 한 모금 마셔보았는데 결과는 훌륭했고 밀대에서 느꼈던 냄새도 없어 시원한 위스키의 제맛을 느낄 수 있었다.

마빈은 종이 빨대를 널리 알렸고 주변의 큰 호응에 급기야 빨대공장을 설립해 순식간에 직공에서 사장의 자리에 앉았으며 때마침 레모네이드라는 음료수의 등장에 힘입어 행운의 기를 쭉쭉 빨아 큰 부자가 되었다.

그렇게 발명된 빨대는 이후 플라스틱으로 재질이 바뀌어 아이러니하게도 현대인의 필수품이자 환경의 골칫거리로 자리매김을 하게 되었다.

분해에 걸리는 시간이 500년이나 걸리는 플라스틱 빨대는 매년 무려 292톤이라는 막대한 양이 바다에 버려진다고 한다.

　바다로 버려진 빨대는 작은 가루로 분해되거나 그대로 수많은 해양 동물들에게 고통을 주고 있다. 플라스틱 가루를 먹은 어류 등은 결국 먹이사슬의 최상위층인 사람들의 식탁 위에 오르는 끔찍한 결과를 초래하고 있다.

　다행이라면 최근 미국 시애틀에서 '빨대 사용 금지법'을 통과시켰으며 시애틀에 본사를 둔 스타벅스에서는 2020년까지 전 세계의 빨대를 없애고 빨대가 필요 없는 컵 뚜껑을 만들어 보급하겠다고 발표했다.

　우리나라 정부도 빨대 퇴치운동에 호응하여 2027년까지 플라스틱 빨대 사용을 금지할 계획이라고 하니 다행이다.

　점점 오염돼가고 있는 식수 문제는 지구인들의 큰 숙제가 아닐 수 없다. 오지나 사막 등에 고립되어 오염수나 골짜기의 물마저 없을 때 그냥 허공에 꽂아 마실 수 있는 빨대를 누군가 발명하여 상용화에 성공했으면 한다.

20

사각거리는
연필의 감성

인류의 역사 이래 가장 원초적인 그림 도구는 손가락이다.

부드러운 진흙땅에서나 해변의 모래에서나 막대기 이전의 가장 접하기 쉽고 정교한 그림도구는 손가락이며 고금의 역사를 잇고 있는 도구임에 틀림없다.

오죽했으면 아이폰의 창시자인 스티브 잡스도 손가락의 유용성을 인정하여 현대 문명의 총아라고 할만한 스마트폰의 입력장치를 손가락으로 선택하였겠는가.

중국의 채륜에 의해서 종이가 발명된 후부터 더욱더 디테일하고 서사적인 작업을 할 수 있었으며 그에 발맞춰 붓이나 펜, 만년필 등이 더욱 발전되었고 흑연의 발견으로 인해 연필이라는 도구가 생겨났다.

1564년 영국의 캠브리아 산맥에서 흑연이 발견된 이후 이를 가공해 나무 사이에 끼우거나 종이를 말아 필기구를 만들어 사용했으며 1565년 엘리자베스 여왕 시대에 연필공장이 세워졌다.

　필자는 개인적으로 연필이라는 놈의 정체를 정말 독특하게 생각하는데 붓이나 펜, 만년필 등은 한번 그림을 그리고 나면 지울 수가 없지만, 탄소가 주성분인 연필은 틀리면 간단하게 지우개로 쉽게 지울 수 있기 때문이다.

　유명한 연필 제조회사들은 많지만 그중 하나인 독일의 파버카스텔사에 대해 알아보기로 하겠다. 파버카스텔사는 1761년 카스트르 파버에 의해 독일 스테인에서 시작되었으며 당시까지의 모든 연필은 책상에서 굴러떨어지기 쉬운 원통형 일색이었다.

　우리가 흔히 접하는 연필의 외형은 원형, 세모형, 6각형 등이 있지만 그중 6각형이 가장 많음을 볼 수 있을 것이다.

　파버카스텔사의 6대 회장이자 파버 가문의 사위였던 '알렉산더 폰 파버카스텔'은 원통형의 단점을 개선해 1905년 '카스텔 9000'이라는 최초의 육각형 연필을 만들어냈으며 오늘날에도 계속 판매되고 있으니 굉장한 스테디셀러임에 틀림없다.

　요즘 데생용 연필엔 지우개가 달려있지 않지만, 필기용으로 나온 연필에는 지우개가 달린 것을 많이 볼 수 있는데 별 의미 없이 보이는 이 작은 지우개에도 재미있는 일화가 있다.

　'하이만(Hymen L. Lipman)'은 미국의 필라델피아 주에 살던 가난한 화가 지망생으로 그림을 그려 겨우 끼니를 때우는 형편이었는데 어느 날 열심히 그린 그림이 마음에 들지 않아 수정하려 하였으나 지우개를 잊어버려 다음날 내다 팔 그림을 완성하지 못했다고 한다.

다시 지우개를 잊어버리지 않기 위해 지우개를 연필 끝에 실로 매달아 쓰다가 연필 속에 지우개를 집어넣은 지우개가 달린 연필을 만들었고 이를 지켜본 친구의 제안으로 특허를 출원해 1858년 3월 30일에 '미국 특허 19783호'를 받았으며 이후 이 특허를 1862년 '조셉 레컨도르퍼(Joseph Reckendorfer)'에게 10만 달러에 팔았다고 한다.

세계 인구를 추산해 볼 때 하이만이 천문학적인 돈을 벌었을 것은 두말할 필요가 없다.

근래 필압*을 가진 전자펜이 발명되어 널리 보급되고 있지만, 사람들이 여전히 사각거리는 연필의 감촉을 선호하는 것은 전자펜펜이 따라오지 못하는 특유의 감성을 가지고 있기 때문이리라.

* 필압(筆壓): 붓글씨를 쓰거나 연필로 그림을 그릴 때 붓끝에 주는 일정한 압력을 말한다.

21

샤워를 할 땐
가발을 벗고

인류 최초의 샤워기라면 떨어지는 폭포가 단연 손꼽힐 것이다.

무더운 여름날 떨어지는 계곡의 폭포는 보기만 해도 시원한데 마치 안마하듯 머리부터 등짝에 세차게 내리붓는 자연의 선물을 고스란히 내 집안으로 끌어들일 순 없을까?

고대인들 역시 더운 여름날 어떻게 하면 시원하게 여름을 보낼 것인가에 대해 골몰했을 것이다.

고대 이태리의 토스카나 지역에서 발견된 샤워실을 보면 이런 아이디어가 그대로 적용된 것을 알 수 있으며, 이집트의 부유층들은 하인들을 시켜 높은 위치에서 항아리에 담은 물을 붓게 하거나 큰 물통에 담은 후 수압차를 이용해 샤워했다고 한다.

기원전 4세기경으로 추정되는 고대 아테네의 도자기에는 샤워기에 대한 흔적이 세밀하게 묘사되어 있다.

거듭된 발전과 진화를 거쳐 우리의 욕실에 자리 잡은 여러 가지 현대식 샤워기 중 특별한 샤워기를 든다면 스마트 디바이스인 EVADROP을 들 수 있겠다.

현대식 샤워기는 대부분 물 절약을 위해 샤워기에 스위치를 달아 수동으로 물 조절을 하는 방식이지만 EVADROP은 캘리포니아 산타아나 출신의 발명가인 '토리 타예나카(Torrey Tayenaka)'가 만든 스마트 샤워기로 기계적으로는 지금까지의 방식을 사용하지만, 애플리케이션을 접목하여 개개인의 샤워 습관을 파악하고 물을 조절하는 기능을 탑재하고 있다는 게 특수한 점이다.

즉, 음성과 온도 센서를 내장한 개인 맞춤식 분사 시스템을 갖춰 개인의 물 소비 습관을 분석하고 데이터베이스화하여 물 낭비를 막아준다고 한다.

한 가지 기능을 더 추가하자면 가발 사용자가 깜박 잊고 그냥 샤워하려고 할 때 가발탐지기능을 추가해 샤워할 땐 가발을 벗을 수 있게 해주면 어떨까?

22

세계 경제사를 바꾼
혁신적인 발명품 컨테이너

컨테이너는 여러 가지 화물을 선박이나 비행기에 적재하기 쉽게 만들어진 규격화된 철상자로 미국의 사업가 '말콤 맥린(Malcom McLean, 1913년~2001년)'에 의해 처음 고안되었다.

집안 사정으로 인해 대학 진학을 못한 그는 1935년 조그만 중고 트럭을 구입해 화물 운송사업에 발을 딛게 되었다.

현대식 컨테이너의 원조는 이미 1926년 영국과 프랑스 간 화물 운송 시 나무박스에 물품들을 넣어 보내는 방법이 존재했었는데 맥린은 바로 이 방법에 착안하여 좀 더 체계화, 규격화된 철제 화물 박스를 만들었으며 드디어 1952년 규격화된 화물 박스, 즉 컨테이너를 노스캐롤라이나에서 뉴욕까지 선박으로 운송하는데 성공했다.

하지만 자신의 회사 트럭에 맞춰진 컨테이너의 규격은 운송 선박의 적재공간에 딱 들어맞지 않아 공간의 비효율성이 문제가 되었다.

맥린은 다시 유조선을 사들여 컨테이너를 운송하기 편하게 개조한 후 1956년 4월 26일 35피트 컨테이너 58대를 적재하고 후 뉴저지에서 휴스턴까지 최초의 컨테이너선 운항에 성공했으며 이 아이디어를 아이디얼-X(ideal-X)라고 명명했다.

하지만 이때까지도 정식으로 컨테이너란 이름은 붙여지지 않았으며 1956년 4월 약 100여 명의 해운업 관계자들을 상대로 아이디얼-X(ideal-X)에 대한 발표회를 여는 자리에서 비로소 이 위대한 발명품을 컨테이너(Container)라고 명명하게 되었다.

현대의 컨테이너는 일반 철강이 아닌 내후성강(Weathering steel)으로 제작하는데 내후성강이란? 풍우, 습기, 공기, 빛 등을 견뎌내는 강재를 말한다. 따라서 보통의 철강처럼 자주 도장하는 불편함도 없고 관리가 편해 금전적 낭비를 줄여준다고 한다.

이 철강의 아이러니한 점은 부식을 방지하기 위해 스스로 녹을 만들어 낸다는 점인데 언뜻 이해가 되질 않는다.

내후성강은 아주 치밀한 녹을 강재의 표면에 일부러 만들어 강재 안쪽으로의 부식을 막는 원리인데 구리, 크롬, 인, 니켈 등의 원소가 미량 첨가된 강재로 일반적인 철강재 보다 약 4~8배 우수한 내후성을 가진다고 하며 전 세계적으로 유통되는 컨테이너의 약 90% 정도에 사용되고 있다.

컨테이너의 종류는 다양하지만 각 종류마다 규격화, 표준화

되어있고 소위 건화물(dry freight) 컨테이너, 또는 범용(general purpose) 컨테이너라 불리는 선박용 컨테이너는 20피트(6m)와 40피트(12m) 짜리가 주류를 이루고 있다.

맥린의 아이디얼-X(ideal-X)로 인해 탄생한 컨테이너는 세계 화물 운송량과 선박의 항구 체류시간을 대폭 줄이는데 공헌하였으며 해상 운송비를 끌어내려 세계 물류를 지배하는 중요한 역할을 하게 되었다.

이러한 공로를 인정하여 2007년 '포브스'지는 세계경제사를 움직인 인물로 맥린을 선정했으며 '피터 퍼디낸드 드러커(Peter Ferdinand Drucker)'는 '컨테이너는 세계 경제사를 바꾼 대혁신적 발명품'이라고 극찬한 바 있다.

하지만 아무리 훌륭한 컨테이너라고 해도 선박에 적재 후 흔들려 넘어진다면 곤란하지 않겠는가? 바로 이점은 맥린의 동료 케이스 텐트 링거에 의해 해결되었는데 컨테이너의 여덟 귀퉁이에 고정고리를 달아 결박하는 '트위스트 락(twist lock)'을 개발해냈고 1957년 시험운행에서 그 효용성을 입증하여 대성공을 이루었다.

23

세계인의 음료를 담은
게이블탑(Gable top)

게이블탑(Gable top)이라고 하면 낯설게 느껴지겠지만 사실은 전 세계의 거의 모든 인구가 마시고 있는 우유를 담는 용기, 즉 우유팩을 이르는 이름으로 천연펄프로 만든 얇은 판지에 무독성의 폴리에틸렌을 도포해서 제조한 위생적이고 방수가 되는 재질로 만들어진 용기이다.

게이블탑은 지붕 형태가 삼각형으로 생겨 특별한 도구를 사용하지 않고도 개봉하기 쉬운 구조이다.

이처럼 편리하고 위생적인 팩이 나오기 전에는 병우유가 시판되었는데 마개를 따기도 힘들었고 공기와의 완벽한 차단이 어려워 빨리 변질이 되기 일쑤였다.

병우유가 사라질 무렵쯤 삼각팩 방식의 우유도 시판되었지만 언젠가부터 서서히 사라지고 지금은 게이블탑 방식의 우유가 주류를 이루고 있다.

우유팩의 발명자가 우리나라 사람이라는 설이 있지만 그렇지 않은 것 같아 서운하다.

1950년대 미군의 통치를 받던 시절에 미군 PX에서 근무하던 우리나라의 한 발명가가 종이를 접은 접철식 컵을 만들었다고 하며 이것이 우유팩의 시초라고 주장하지만, 시기적으로나 생김새로 보나 그렇지 않다고 본다.

처음으로 종이로 만든 우유 용기(카톤팩: carton pack)는 이미 1915년 미국의 '존 반 워머(John Van Wormer, 1901년~1955년)'가 고안해낸 것으로 미국에서 특허등록을 하였고 이를 미국의 제지회사에서 사들여 더욱 보완하였으며 기계화 과정을 거쳐 활성화되었다.

1934년 'The Ex-Cell-O Corporation'라는 회사가 우유팩을 생산할 수 있는 기계를 만들어 우유팩을 생산하여 배포하게 되었는데 지금의 우유팩과 거의 흡사하고 원리적인 면에서 동일한 것이다.

24

세탁기,
짤순이를 아시나요?

개인적으로 인류의 역사는 세탁기가 발명되기 이전과 세탁기가 발명된 이후로 나눠야 하지 않을까? 하는 조금은 엉뚱한 생각을 해본다.

옛날 우리 어머님들은 커다란 대야에 빨랫감을 가득 담고 냇가 또는 우물가 등으로 가셨다.

그나마 공동 빨래터는 복지환경이 좋은 경우였다. 대부분 우물가에 모여 정담을 나누며 넓적한 돌 위나 시멘트 바닥 또는 빨래판을 세숫대야에 넣고 손으로 직접 빤다든가 방망이를 두드려 빠셨던 것인데 겨울날엔 얼마나 힘들었겠는가.

세탁기를 발명한 사람이 이런 광경을 보았다면 당연히 어머니를 고생에서 해방시켜 줄만한 기계를 만들고 싶었을 것이다.

현대적 개념의 첫 세탁기는 미국의 '제임스 킹(James King)'에 의해 1851년 발명된 실린더식 세탁기로 드럼세탁기의 원조격이긴 하나 당시만 해도 수동식이었다.

한참 후인 1908년에 이르러서야 미국 시카고의 '알바 피셔(Alba Fisher, 1862년~1947년)'에 의해 전기모터가 달린 '토르'라는 명칭의 드럼식 세탁기가 출시되었다.

지금까지 나온 세탁기의 종류는 크게 3가지로 나눌 수 있다.

1. 와류식 세탁기: 강하게 회전하는 물의 소용돌이를 이용하며 우리나라에선 흔히 통돌이 세탁기로 불린다. 세탁력과 탈수력이 좋고 값이 저렴하나 세탁물의 손상이 타 기종에 비해 심하고 세탁 후에 찌꺼기가 많이 생긴다.

2. 교반식 세탁기: 세탁물을 서로 휘저어 섞는 방식으로 세탁기 통 중심에 있는 봉(아지테이터)의 운동으로 때를 빼는 방식이며 흔히 봉 세탁기로 불린다. 물 사용량이나 탈수력, 전기 소비 등에 있어서 와류식과 별반 차이는 없고 세탁 시 소음과 진동이 타 기종에 비해 많이 발생한다.

3. 드럼식 세탁기: 드럼식은 원형의 드럼 세탁기가 돌 때 상단부까지 따라 올라간 세탁물이 중력에 의해 떨어지는 낙차에 의해 세탁이 되는 간단한 구조이다. 주로 유럽이나 미국에서 많이 쓰이는데 우리나라에서는 세탁소 등에서 많이 사용했으나 최근 들어선 일반 가정에도 부쩍 많이 보급되는 추세이다. 와류식이나 교반식에 비해 도어가 앞쪽에 있어서 초대용량 세탁물의 투입과 반출이 쉽고 물 사용량이 타 기종에 비해 적으나 단점으로는 세탁과 탈수력

이 뒤지며 제작 단가가 매우 비싸다.

국내 최초의 세탁기는 1969년 금성(현 LG)의 '백조 세탁기(WP-181)'로 1.8kg 용량이었다고 하며 세탁과 탈수가 따로 있는 구조였다. 일명 '짤순이'로 알려진 탈수기는 1980년대 한일전기에서 출시했으며 '짤순이'라는 정겨운 이름은 한일 탈수기의 브랜드명이다.

'빨래는 백조 세탁기에 맡기시고 여유 있는 현대 가정을 가꿔 보지 않으시겠습니까?'라는 유명한 문구처럼 세탁기는 현대 여성의 가사노동시간을 많이 아끼게 해주었음이 틀림없다.

25

속눈썹의
비아그라

녹내장은 시신경의 손상으로 인하여 시야 장애가 발생하는 진행성 시신경 병증이며 주원인은 안압의 상승으로 알려져 있다.

치료제로선 베타차단제, 탄산탈수효소 억제제, 알파-2 효능제, 부교감신경 효능제, 프로스타글란딘 제제 등 여러 가지가 있다.

이 중에서 프로스타글란딘 제제는 다른 약제에 비해 비교적 부작용이 적으며 1일 1회만 점안하므로 편리하다. 하지만 모든 약이 그렇듯 녹내장 치료제 역시 여러 부작용이 따른다.

녹내장 치료제의 부작용 중 하나는 속눈썹이 더 짙고 길어지는 것인데 발기부전치료제의 대명사로 불리는 비아그라가 뭇 남성들의 환호를 받았듯 이점이 오히려 의약계와 화장품 업계의 각광을 받게 되었다.

2008년 12월 보톡스를 생산하는 앨러간(사)에서 '라티세

(Latisse)'라는 일명 속눈썹을 길고 짙게 해주는 약(eyelash-lengthening and thickening drug)이 FDA의 승인을 받았으며 국내에서도 식약청 허가를 받아 판매가 시작되고 있다. 하지만 약의 사용을 중단하면 다시 원래대로 돌아가며 점안을 잘못하면 눈 밑에 다크서클이 생기게 되니 점안 후 흘러내린 약을 깨끗하게 닦아줘야 한다.

화장품의 발달이 부족했던 1970년대에만 해도 시골의 젊은 아가씨들은 사랑방에 모여 누구의 속눈썹이 더 길고 예쁜가를 겨루곤 했었는데 이때 사용된 측정 기구(?)가 성냥개비였다. 성냥개비를 속눈썹에 더 많이 올리는 사람이 더 예쁜 눈썹으로 뽑히곤 했었다.

26

손가락에서 터지는 쾌감
뽁뽁이

'뽁뽁이'는 전 세계적으로는 버블랩(Bubble Wrap)이라고 통용되며 유럽 등지에선 에어캡으로 불리고 있다. 우리나라에서는 국립국어원에서 뽁뽁이를 정식 우리말로 지정하였다.

포장용 완충재나 단열재로 쓰이는 뽁뽁이는 비닐 막 사이에 공기층이 있어 손가락으로 터뜨리면 소리가 뽁! 뽁! 하고 나기 때문에 의성어이기도 하면서 제품명으로도 참 잘 어울린다.

원래 뽁뽁이는 1957년 미국의 '알프레드 필딩'과 스위스의 '마르크 샤반'에 의해 발명되었는데 이들은 뉴저지주 호손 시의 한 연구소에서 플라스틱을 이용하여 세척하기 편한 벽지를 개발하던 중 우연히 버블랩, 즉 기포가 든 벽지를 만들게 되었다.

일부 상류층을 중심으로 새로운 인테리어 소품이라는 평가도 받았지만, 이 벽지는 기존의 벽지에 비해서 그 형태가 아름답지 못하며 표면이 접촉에 의해 쉽게 손상되는 등 표면재로 합당하지 않다는 이유로 상용화에 실패하고 말았다.

이들은 이 발명품을 어떤 용도로 판매할 것인가 고민하다 비닐하우스의 단열재 용도로 시장에 내놓았으나 큰 주목을 받지 못하고 또다시 좌절의 쓴맛을 보게 되었다.

발명가 마르크 샤반은 이 제품이 분명 어딘가에 꼭 필요하리라는 확신을 가지고 계속 연구를 하였고 그것은 현실로 바뀌게 되었다.

누구나 한 번쯤 비행기 안에서 창밖의 구름을 내다보며 푹신한 구름 위에 뛰어내려도 다치지 않을 것 같다는 생각이 든 경험이 있을 것이다.

마르크 사반 역시 비행기를 타고 가던 중 창밖의 구름을 보다가 이 벽지를 포장재로 개발하면 상품이 손상되지 않을 것이라는 기발한 생각을 하게 되었으며 여행에서 돌아온 직후 엔지니어인 알프레드 필딩과 상의하여 실드 에어(Sealed Air)라는 회사를 설립하였고 마침내 버블랩이라는 브랜드의 포장재를 생산하게 되었다.

버블랩의 1호 포장 대상이 된 것은 유명한 컴퓨터 회사인 IBM에서 내놓은 대형 트랜지스터 메인프레임 컴퓨터 '1401'이다.

실드 에어(Sealed Air)에서는 파손되기 쉬운 물품을 버블랩으로 포장한 뒤 낙하시험을 하는 안전성 시범을 보였고 이에 만족한 IBM사는 1961년부터 모든 제품에 버블랩을 포장재로 사용하게 되었으며 1964년 마르크 샤반은 '라미네이트 완충제 제조 방법'이라는 정식 특허명으로 버블랩 포장재 제조법의 특허등록을 마쳤다.

1970년대 이후 전 세계적으로 히트 상품 대열에 오른 뽁뽁이는 우리나라에서도 제대로 빛을 발하고 있는데 열전도율이 유리의 1/40밖에 되지 않아 현관이나 베란다의 통유리 등에 발라 단열재 본연의 임무를 톡톡히 하고 있다.

최근 우리나라의 유통업체들에서는 100% 플라스틱 재료로 된 뽁뽁이가 아닌 30%의 밀 껍질 성분이 든 누런 색깔의 뽁뽁이를 사용하여 환경보호에 앞장서고 있다고 한다.

뽁뽁이는 포장재, 단열재라는 용도 외에 노리개 용도로도 활용되는데 심심할 때 뽁뽁이를 터뜨려보라! 그 터지는 느낌에 스트레스가 해소될 것이다.

미국의 실드 에어(Sealed Air)는 버블랩의 발명을 기념하기 위해 매년 1월 마지막 주 토요일 뉴저지주 호손 시에서 버블랩 발명을 축하하기 위해 버블랩 터뜨리기 대회를 연다고 한다.

뽁뽁뽁!!!

언젠가 전 세계의 버블랩 명칭을 전부 뽁뽁이로 바꾸게 되길 바란다.

스마트폰의 방패
고릴라 글라스

스마트폰으로 할 수 있는 일은 전화, 문자, 사진, 내비게이션, 지하철 노선도, 각종 예약, 유튜브, 시계, 인터넷, 이메일, SNS, 영화, 은행거래, 그림, 라디오, 음악, 사전, 통역, 게임, 일기예보 등등 정말 많다.

지하철이나 버스를 타면 남의 일에 아랑곳하지 않고 스마트폰만을 들여다보고 있는 진풍경을 쉽게 볼 수 있다.

남녀가 선을 볼 때도 스마트폰을 들여다보며 선을 본다는 코미디가 생겨날 정도로 현대인들의 일상은 스마트폰을 통하여 시작과 마무리를 하고 있으니 이렇게 친밀한 물건의 얼굴에 상처가 난다면 정말 안타깝고 짜증이 날 것이다.

코닝사가 어떤 회사인지는 몰라도 고릴라 글라스(Gorilla Glass)라고 하면 누구나 한 번쯤 들어봤을 만큼 고릴라 글라스는 스마트폰의 구입 조건으로 자리매김한지 오래되었다.

미국의 코닝사는 1851년에 설립된 유리 제조 전문 회사로 세라믹, 광섬유, LCD 등을 생산하고 있으며 스마트폰의 커버글라스로 채용되는 고릴라 글라스를 생산하고 있는 회사이다.

보석학에서 말하는 모스경도는 다이아몬드 10, 사파이어 9, 토파즈 8, 고릴라 글라스 7로 약 400도의 고온으로 녹인 칼륨염(용융소금)이 담긴 용기에 유리를 넣으면 유리 표면의 나트륨 이온이 칼륨 이온으로 치환되면서 매우 치밀한 밀도를 가진 단단한 유리로 변하게 되는데 이것이 바로 고릴라 글라스의 제조 비법이다.

고릴라 글라스는 2007년 아이폰 1세대의 커버글라스로 처음으로 사용되어 유명세를 타기 시작했으며 이후 삼성, LG 등 내로라하는 스마트폰에 빠져서는 안 될 중요한 부품이 되었다.

이 부품을 하필이면 왜 고릴라 글라스라고 했을까? 물론 단단하고 강해서 잘 깨지지 않는다는 것을 강조하기 위해서라는 건 다들 유추할 수 있지만, 불만이 많은 필자는 거북등이나 코뿔소로 정하지 그랬나 하고 괜히 트집을 잡고 싶다.

고릴라 글라스로 덮인 액정을 들여다보며 정말 쓸데없는 생각이지만 가까운 장래에 인체의 텔로미어(Telomere)를 체크하여 나의 수명이 얼마나 남았는지 시간, 분, 초까지 액정에 표시된다면 과연 그 기분이 어떨까 하는 섬뜩한 생각을 해본다.

28

슬라이드 패스너로
불렸던 지퍼

지퍼(Zipper)는 금속이나 플라스틱 등을 서로 이가 맞물리게 두 줄의 헝겊에 고정시켜 그 두 줄의 끝을 쇠고리로 밀고 당겨 여닫을 수 있도록 제작된 것을 말한다.

지퍼는 1891년 미국의 '휘트컴 저드슨(Whitcomb L. Judson, 1836년~1909년)'에 의해 처음 개발된 후 1913년 스웨덴의 '기드온 선드백'에 의해 실용적인 모습을 갖추었다.

직공이었던 휘트컴 저드슨은 평소 워커를 즐겨 신었는데 신을 때마다 뚱뚱한 몸을 숙여 끈을 매야 하는 번거로움을 느껴 다니던 직장마저 때려치우고 지퍼의 연구에 몰두하여 마침내 지퍼제작에 성공하였으나 처음에 만든 지퍼는 매우 불편하고 비에 젖으면 녹이 스는 등 비실용적이어서 외면을 받았다.

휘트컴 저드슨은 1893년 오랜 연구 끝에 지퍼에 대한 특허를 취득하고 시카고 박람회에 출품하였으나 큰 호응을 얻지 못하였다.

그 후 육군 중령 워커가 특허를 구매해서 19년이나 기계의 개발에 몰두하여 지퍼의 생산을 자동화하였으나 역시 상업화에 실패하고 1912년 '쿤 모스'라는 양복점 주인이 이 기계를 사들여 해군복에 지퍼를 적용해 군납을 하게 되면서 드디어 지퍼가 활용되었다.

좀 더 발전된 지퍼는 1913년 '기드온 선드백'에 의해서 고안되었으며 재료를 구리로 대체하면서 더 유연해지고 세련되어 1차 세계대전 때는 미군의 비행복에 부착이 되기도 했지만, 너무 비싼 가격때문에 상용화되지 못했다.

이때까지도 지퍼는 지퍼라 불리지 않았고 '슬라이드 패스너' 등으로 불리었는데 타이어 회사로도 유명한 굿리치(Goodrich)에서 고무장화에 지퍼를 달아 판매한 게 큰 호응을 얻게 되어 상업화에 성공하였다. 한편 이 장화의 작명엔 재미있는 일화가 있는데 지퍼를 올릴 때 나는 소리가 마치 지퍼-업(Ziper-Up)처럼 들리는 데서 영감을 얻어 지퍼 부츠라고 지었고 상표등록을 하게 되었으며 오늘날 지퍼가 일상화된 계기가 되었다.

세계 3대 지퍼회사를 꼽자면 YKK, Lampo, riri 등이다.

YKK라는 브랜드는 일본 '요시다공업(Yoshida Kogyo Kabushikigaisha)'의 약자로 지퍼하면 YKK라고 알만큼 누구에게나 낯익게 느껴질 것이다.

창립자인 요시다는 기존 지퍼의 단점을 보완하고 개선하여 세계적인 브랜드로 이름을 떨치게 되었다.

Lampo 회사는 이탈리아의 부자재 브랜드로서 굉장히 고가인데

도 불구하고 단단하고 슬라이딩이 부드러워서 사랑을 받는 지퍼계의 귀족으로 샤넬, 프라다, 구찌 등의 명품 제조사에서 많이 사용한다.

이탈리아어로 Lampo는 반짝임이지만 지퍼를 지칭하는 대명사로도 쓰인다.

riri는 스위스의 지퍼 브랜드이며 역시 고가의 지퍼이고 특히 스위스풍의 미니멀하고 단아한 디자인으로 유명하며 루이비통, 버버리 등의 명품 브랜드에 납품될 정도로 유명하다고 한다.

안전벨트
3043625

3043625

뜬금없이 웬 비밀번호인가?

연이 높이 날 수 있는 조건을 들어보라고 하면 대부분의 사람은 '적당한 바람'이라고 말할 것이다.

바람 외에 '또?'라고 물어보면 아마 무슨 시시한 질문이냐고 짜증 낼 것이 틀림없다.

연이 높이 날 수 있으려면 바람 외에 튼튼한 연줄이 있어야 한다.

나를 통제하고 제한하는 어떤 상황이 오히려 나를 지켜주고 발전시키는 계기가 되는 경우가 왕왕 있다는 말이다.

초기의 안전벨트는 2점식 방식이었으며 전투기가 선회할 때 조종사의 몸을 고정시키기 위해 쓰였다고 한다.

오늘날 우리가 사용하는 안전벨트는 어깨와 허리를 감싸는 3

점식 방식으로 위험한 순간에 생명을 지켜주는 중요한 장치인데 1959년 미국 볼보자동차 엔지니어인 '닐스 볼린(Nils Bohlin, 1920년~2002년)'에 의해 발명된 후 전 세계적으로 보급되어 수많은 생명을 지켜주고 있다.

OECD(경제협력개발기구) 회원국 중 우리나라는 교통사고 사망률 1위의 불명예스러운 기록을 보유하고 있는데 이는 안전벨트의 생활화가 이루어지지 않은 결과로 여겨진다.

더미(dummy) 인형을 이용한 시속 40km 정도의 비교적 안정적이라고 느껴지는 속도에서의 충격 실험 시에도 탑승자가 받는 충격은 탑승자 몸무게의 약 16배 정도가 된다고 한다.

안전벨트는 보통 성인 남자 몸무게의 30배 정도의 충격을 견디도록 폴리에스터(Polyester) 원사로 제작된 튼튼한 띠로써 사고 발생 시 사망률을 50%나 줄여주는 안전장치인 만큼 정확하게 메도록 하자.

맨 위에 적은 숫자의 의미는 볼보자동차의 닐스 볼린이 1962년 7월 11일 미국 특허청에 낸 3점식 안전벨트출원에 대한 특허번호이다.

3043625! 하지만 특이한 번호라고 생각해서 비밀번호로는 사용하지 않는 게 좋겠다.

30

엄살 치료제
담 파스

담 파스가 무슨 대단한 발명 축에 드느냐고 반문할 독자분도 있을 수 있겠지만, 담에 한번 걸려보면 '억! 이래서 담 파스가 약국에서 팔리는구나'라고 느낄 것이다.

심하게 담에 걸리게 되면 움직이지도 못하고 엄살처럼 억! 억! 소리를 내면서 상당한 고통을 호소하게 된다.

담에 대한 해석은 한방·양방이 서로 다른데 한의학에서는 인체 내의 진액이 탁해져 기의 순환이 잘되지 않고 신진대사가 원활치 않아서 생기는 증세로 보며 담을 열담(熱痰)과 한담(寒痰)으로 구분하고 몸이 찬, 한증(寒症)으로 인해 생기는 담은 한담이라 하며 몸의 열이 너무 많아 생기는 담은 열담으로 나눈다.

물론 한담과 열담을 다스리는 방법도 당연히 다르며 담의 발생 원인을 진액의 탁해짐이라든지 기의 순환이 막힘 등으로 판단하기 때문에 약간 막연하여 총체적으로 이해하여야 한다.

한편 양방에서는 담을 늘어난 근육 혹은 힘줄(pulled muscle or tendon)이라 표현하며 근육의 피로로 인해 생기는 통증으로 이해한다.

이는 동양과 서양의 병에 대한 접근 방식이 다른 차이라 생각되지만, 어느 쪽의 해석도 다 맞는 것 같다

담에 걸리면 통증의 부위가 달라지기도 하는데 이것은 담에 발이 달려 옮겨 다니는 게 아니라 모든 신경과 근육은 서로 연결되어 있어서 생기는 것이다.

예를 들자면 통증이 손가락 관절에 생겼더라도 실제로는 다른 부위에 통증이 있을 수 있는 것과 같은 것이다.

담에 걸리지 않기 위한 평소의 예방법으로는 스트레칭을 자주 하여 근육의 피로를 풀어주는 게 좋은 방법이겠지만, 일단 담에 걸리면 파스나 약을 처방받아 불편함에서 벗어나도록 하자.

가벼운 담이라면 파스 정도로 치유되겠지만 '담 정도야.'라고 간과하다가 큰 병으로 진단되는 경우도 있기 때문에 너무 오래 지속되면 꼭 병원에 가보길 바란다.

참고로 우리나라의 파스에 대한 역사는 1959년 대한민국 최초 파스 전문 제약기업인 신신제약에서 나온 신신파스라고 한다.

31

예법을
가르쳤던 안경

어떤 사람들은 안경이나 선글라스를 쓰지 않고서는 대인관계가 힘들다고 한다.

가수 중에는 무대에 오를 때 꼭 시커면 선글라스를 쓰고 무대에 올라야 편하게 활동을 할 수 있다는 사람도 있다.

안경이나 선글라스를 쓰는 목적은 건강상의 이유, 멋 내기, 또는 정신적인 이유 중 하나일 것이며 근시용 돋보기, 원시용 돋보기, 난시용 특수 안경, 도수 없는 보안경, 자외선 보호용 선글라스 등 여러 종류가 있다.

그렇다면 안경을 최초로 발명한 사람은 누구일까?

약 1300년경 이탈리아의 피렌체 지방에서 안경이 출현되어 안경을 사용했다는 증거들이 있으며 안경을 뜻하는 '로오디 다 오그리(Roidi da Ogli)'가 당시 베네치아의 유리 세공업자들에 의해서 만들어졌다고 하는 것이 여러 정황상 가장 신빙성 있고 유력한 주장

32

우연한 발견에서
뜻밖의 발명을

녹이 슬지 않는 스테인리스강(Stainless Steel)을 발명한 영국의 '해리 브리얼리(Harry Brearley, 1871년~1948년)'는 자신을 화학자가 아닌 예술가로 불리길 원했다고 한다.

단호한 성격의 소유자인 해리는 매사에 YES 아니면 NO 식의 이분법적 사고를 지녔으며 어중간한 것을 싫어했는데 그의 정신적인 지침은 '인간은 기계보다 우월하고 창의력은 틀에 박힌 운영방식보다 우월하며 숙련된 기술과 판단력은 기계적 정확도보다 우월하다.'라는 것이었다.

해리가 스테인리스강을 발명하기 전에도 몇몇 학자들에 의해 '녹이 슬지 않는 철(Fe)에 대한 연구'가 있었지만, 오늘날 스테인리스강이 상업화가 된 데에는 해리의 공이 제일 크다고 하겠다. 정확히 말하면 스테인리스는 녹이 전혀 슬지 않는다기보다 녹이 슬기 어려운 소재라고 이해하는 게 옳으며 철(Fe)에 크롬(Cr)과 망간(Mn), 몰리브덴(Mo) 탄소(C), 니켈(Ni) 등을 섞어 만든 합금강으로 별도의 도금 공정이 필요 없는 아름다운 소재이며 가열해도 인체에 해로운 중금속이 발생하지 않아 안전하고 내열성과 내구성이 뛰어나다.

그 종류로는 오스테나이트(Austenite)계, 페라이트(Ferrite)계, 마르텐사이드(Martensite)계, 듀플렉스(Duplex)계 등 네 가지 정도로 나뉘며 주방, 가전, 비행기, 선박, 석유 운송용 파이프, 수도시설물, 화학물질용 탱크나 파이프 등 산업 전반에 걸쳐 널리 쓰이고 있으며 해리가 발명한 것은 마르텐사이드(Martensite)계로 우연한 발견에서 뜻밖의 발명으로 이어진 경우이다.

1912년 영국 세필드의 한 제강회사에서 근무하던 해리는 어느 날 점심 식사 후 공장의 마당을 거닐다 고철더미에서 유난히 반짝이는 쇳조각을 발견하고 유심히 관찰하던 중 그것이 얼마 전 대포의 포신을 개발하기 위해 철과 크롬의 합금 실험을 하다 폐기처분한 쇳조각임을 알게 되었다.

바로 이거다! 순간 해리는 손바닥을 딱 하고 마주쳤다. 폐기된 후에도 여러 번 비를 맞았지만, 다른 철과는 달리 전혀 녹슬지 않은 점을 놓치지 않았으며 쇳조각에 포함된 철과 크롬의 비율을 상세히 측정해 본 후, 몇 가지 종류의 금속을 더 추가해 합금을 만들었으니 바로 스테인리스 스틸이 탄생하는 순간이었다.

나이가 들면 몸뿐 아니라 지적 능력도 떨어지는데 사람도 스테인리스처럼 녹슬지 않는 뇌를 가질 순 없을까? AI가 대안이라고?

유리는 고체인가?
액체인가?

유리는 생활 속에서 너무나 흔하게 볼 수 있는 물질이지만 과거에는 귀한 대접을 받았던 물질이기도 하다.

유리의 제조 기원은 분명치 않지만, 이집트의 유리구슬은 BC 2500년경에 만들어진 것으로 알려졌으니 상당히 오래된 것으로 보인다.

보통 유리는 소다 석회 유리(Soda-Lime Glass)와 특수 유리로 나눌 수 있는데 일반적으로 우리가 알고 있는 것은 거의 소다 석회 유리이다.

유리는 모래(이산화규소: SiO_2)+석회석(탄산칼슘: $CaCO_3$)+탄산나트륨(Na_2CO_3: 소다회) 등의 세 가지의 주원료로 만드는데 용도에 따라 여러 종류의 유리가 탄생된다.

석영만을 이용한 석영 유리는 순수 규소로 되어있어 내열성과 광

투과성이 매우 높고 화학적으로 안정되어 의료용으로 사용된다.

납을 미량 혼합한 납유리는 굴절률이 매우 높고 광택이 좋으며 부드러워 공예용과 식기용으로 많이 쓰이며 방사선 차단용으로도 사용된다.

특수 광학 유리는 '산화 란타넘(Lanthanum Oxide)'을 혼합하여 만드는데 적외선을 흡수하며 굴절률이 높고 분산력이 낮아 안경 유리, 카메라, 현미경 렌즈 제조에 사용된다.

자외선 차단용 유리는 미량의 철을 혼합하여 만드는데 일반 유리를 여러 겹 겹쳐두면 파란빛이 도는 이유는 철분 때문이다.

투명 유리는 셀레늄을 미량 첨가하는데 셀레늄 첨가로 인하여 생기는 붉은빛을 철분의 푸른빛이 상쇄하여 자외선이 차단되고 투명하게 된다.

이 외에도 수많은 종류의 유리가 있겠지만 어쨌든 유리를 만질 때의 느낌은 차갑고 딱딱하다는 고체적인 느낌이다.

유리는 고체인가? 액체인가?

어떤 물질이 고체인가, 액체인가를 따질 때, 분류 기준의 하나로 물질의 분자 배열 상태를 보는데 고체는 분자 배열 상태가 규칙적이고 결정구조임에 반해 액체는 무규칙한 상태로 그물처럼 마구 엉켜있다.

결론적으로 말하자면 유리는 액체에 가깝다.

좀 더 자세히 말하자면 과냉각 액체로 분류할 수 있는데 유리를 만들 때 냉각시키는 속도가 굉장히 빨라 미처 분자의 배열이 이뤄지기도 전에 굳어 버려 액체의 특성인 분자의 불규칙한 배열을 가지고 있기 때문이다.

　그렇지만 필자는 유리는 딱딱하고 잘 깨지므로 고체라고 부르고 싶다.

34

은은한 감성의
발견

초는 에디슨의 전기 발명 이전까지만 해도 가장 밝은 조명의 하나로 인기를 누렸으나 전기의 보급 이후 급속한 쇠퇴를 했다.

하지만 최근에는 인테리어의 용도나 캠핑용 등 감성적인 조명으로 꾸준한 사랑을 받고 있는데 이는 LED 전등이나 가스등과는 확연히 다른 촛불 특유의 은은한 감성에서 비롯된 것이리라.

뿐만 아니라 초는 실용적인 면에서도 여러모로 쓰이고 있다.

가정의 부엌이나 화장실의 냄새 탈취용으로 많이 사용되기도 하며 습기가 많은 날 켜두면 습기 제거에도 한몫을 한다.

초의 역사는 대략 BC 3세기 정도로 생각되며 중국 진시황의 무덤에서 고래기름으로 만든 경초가 출토되었고 비슷한 시기의 인도에서는 시나몬 나무를 끓이고 남은 찌꺼기에서 왁스를 추출해 초를 만들었으며 BC 4세기 중국에서는 쌀을 반죽하여 만든 '쌀 종이(Rice Paper)'를 심지로 한 초를 만들어 사용했다. 또 9세기 후

반 영국의 알프레드 왕이 양초시계를 자주 썼다는 기록이 있는데 30cm 가량의 양초에 12개의 눈금을 그려 넣은 것으로 약 4시간 만에 다 연소 되었다고 하니 한 눈금에 20분쯤 연소 된 것으로 보인다.

고대 로마인들 역시 동물의 기름을 녹여 파피루스로 심지를 박아 양초로 사용하였다고 하며 그 형태나 원리는 현대의 것과 근본적으로 같지만 정제되지 못한 원료로 인해 그을음 등, 연소성이 좋지 못했을 것으로 생각된다.

우리나라의 초에 대한 역사는 삼국시대로 추정되며 고려시대와 조선시대의 각촉부시(刻燭賦詩)라는 경시대회에서는 초에 일정한 금을 그어놓고 그 시간 안에 시를 짓게 하였다.

초가 대중화되기 전까지는 동서를 막론하고 초를 만드는 방법이 어렵고 원료를 구하기도 힘들어 귀족층이나 종교의식에서만 사용되는 등 일반 서민들은 사용하는데 제한이 따랐다고 한다. 『조선왕조실록』에 의하면 호남·호서지방에서 생산되던 밀랍의 양은 무척 소량이라 일반 백성들에겐 관가의 배급 하에 관혼상제 등에 한해서만 허용되는 등 엄격한 통제를 받았다고 한다.

우리나라의 전통초의 종류는 밀초, 우지초, 홍대초 등 종류가 꽤 많은데 우지초는 소기름을 원료로 하며, 홍대초는 붉은 포목에 납을 발라 만든 것이고, 밀초(밀랍초)는 사철나무에 기생하는 백랍

충이 분비한 백랍을 채취하여 만든 것이다.

그렇다면 초를 왜 그냥 초라고 하지 않고 양초라고 하는 걸까?

우리나라의 전통적인 초와는 달리 서구문물과 함께 들어온 초는 파라핀초는 석유 정제 후 남는 물질로 만든 것이라 서양에서 들어온 초라는 의미로 접두사 '양(洋)'자를 붙여 양초라 부른다.

이산화탄소 배출의 공범
시멘트

시멘트의 어원은 라틴어로 부순 돌이라는 뜻인 카이멘툼
(caementum)에서 변한 것이다.

시멘트의 결합 재료로서 가장 오래된 것은 석고를 구워서 만든
소석고를 들 수 있으며 시멘트가 사용된 역사는 꽤 오래되었다.

현존하는 구조물 중 고대 이집트의 피라미드 사용에도 석회와
소석고를 섞은 시멘트를 사용하였고 로마시대에는 석화와 화산재
를 섞은 시멘트를 사용하였으며 당시 쓰인 시멘트는 기경성 시멘트
이다.

시멘트의 종류엔 여러 가지가 있겠지만 크게 수경성(hydraulic
cement)과 비수경성(기경성, non-hydraulic cement)으로 나눠진다.
말 그대로 수경성은 물에 의해 굳는 성질이며 비수경성은 공기에
의해 굳는 성질을 가진다.

일반적으로 접할 수 있는 콘크리트의 비율은 시멘트 1, 모래 2, 자갈 4의 비율로 섞는 것이며 단지 시멘트와 모래만을 물로 개어 사용하는 모르타르는 건축이나 교량 등에 쓰이는 게 아니고 주로 블록과 기와 등의 부재료의 생산에 쓰인다.

현대의 건축양식에 사용되는 핵심 재료 중 하나인 시멘트가 최근 지구 온난화를 초래하는 CO_2를 배출하는 요인 중 하나로 폴란드 카토비체에서 열린 제24회 유엔기후변화협약 당사국 총회(COP24)에서 거론되었다.

시멘트는 석회석과 점토를 분쇄하여 만들어 내는 클링커에 석고를 첨가해 분말로 만들어 내는 것으로 전체 시멘트 생산과정 중 발생하는 이산화탄소의 절반 정도가 클링커 제조과정에서 나오며 시멘트에서 배출되는 CO_2의 배출량은 연간 약 22억 톤에 달해 세계 전체 CO_2 배출량의 약 8%에 달하는 엄청난 양이다.

미국, 중국에 이어 세 번째로 시멘트로 인한 CO_2 발생이 많은 우리나라가 파리 기후변화 협정에서 요구하는 기준에 맞추기 위해선 2030년까지 CO_2 배출량을 16% 줄여야 한다.

이산화탄소를 줄이기 위한 노력은 일상에서도 실천할 수 있는데 대중교통을 이용한다든지 무심결에 쓰지 않고 깜박 잊고 있는 책상 위의 전기코드를 뽑는 것도 CO_2를 줄이는 데 도움이 되는 작은 노력의 일환이다.

참고로 우리 땅에 세워진 첫 시멘트 공장은 1919년 12월 일본

오도나 시멘트 회사에 의해 평안남도에 세워졌으며 대한민국 최초의 시멘트 공장은 1942년 8만 톤 규모의 삼척공장이다.

앗! 나도 깜박 잊고 있었네, 뽑자.

36

인두에서
스팀다리미까지

다리미의 기본 원리는 두 가지로 요약된다.

즉, 강하게 누르는 압력과 뜨거운 열로 구겨진 옷의 주름을 펴는 것이다.

우리나라에서는 예전부터 인두로 옷의 동정이나 좁은 부분을 폈고 숯불을 담아서 다리는 덮개 없는 전통다리미를 썼는데 조선시대까지만 해도 숯불 다리미를 만들 정도의 기술이 없어서 전통 다리미를 썼다고 한다.

전통 다리미의 생김새는 오목하게 생긴 주철 용기에 나무 자루를 붙여 만든 것으로 그 안에 숯불을 담아서 사용했으며 뒷부분에 불구멍 덮개가 달린 숯불 다리미는 개항 이후에나 보급되었다.

필자는 1968년도 즈음에도 집에서 전통 다리미로 다림질하는 걸 자주 본 적이 있다. 어머니와 누나가 마주 서서 이불 홑청의 끝을 잡고 지그재그로 잡아당기다 입에 머금었던 물을 푸우~ 하고 뿜어내 홑청에 스팀 효과를 주면서 다림질할 때면 공중에 안개처

럼 작은 물방울이 퍼지곤 했었는데 그걸 맞으며 재미있어했던 것이
생각난다.

다리미는 대략 17세기부터 본격적으로 사용되었고 되었으며 전
기가 발명된 후 현대에 들어서야 전기다리미가 발명되었다.

열을 가하는 다리미의 특성상 전통 다리미나 숯불 다리미는 자
칫 옷을 태우기 쉬웠다. 이에 비해 좀 더 개선된 전기다리미 역시
초기에는 과열로 인해 자칫 옷을 태우거나 화재의 위험성이 있어
사용하지 않을 땐 수직으로 세워놓곤 했었다.

최근에 사용되고 있는 스팀다리미의 원리는 구겨진 옷의 주름에
스팀을 분사하여 흡수된 수분이 옷감의 섬유 분자들을 부드럽게 해
주고 고열로 수분이 증발하면서 구겨진 섬유 분자들이 바로 정렬되
게 하는 것이다. 스팀 기능으로 무장한 최근의 다리미들도 따지고 보
면 그 원조는 입에 물을 머금어 품던 우리 어머님들이 아닐까?

이쯤에서 가장 안전한 다리미를 생각해 보지 않을 수 없다. 다리
미질을 하다 손목이 아파 잠깐 손을 떼는 경우에 옷을 태워 먹지
않을 수 있다면?

뜨거운 다리미가 옷 위에 있는데도 태워 먹지 않는다는 발상은
좀 모순적이지 않을까?

트리즈(TRIZ)라고 하는 이론이 있는데 이는 어떤 문제를 해결
하는 데 걸림돌이 되는 모순점을 찾아내어 극복하고 혁신적인 해

결안을 찾아내는 '창의적인 문제 해결 이론'을 말한다.

트리즈 이론의 유래는 러시아 과학자 '겐리히 알트슐러(Genrich Altshuller)'가 1946년 첫 시작으로 1956년부터 1985년까지 29년에 걸쳐 러시아 특허 20만 건을 분석한 후 고안해낸 객관적인 법칙과 이론으로 그 특허들에서 사람들이 해결하지 못한 모순을 해결하는 공통된 방법이 무엇인지를 찾아내었고 이 원리를 트리즈라고 칭하게 되었다.

트리즈 이론의 성공사례의 한 예로 미국의 한 가전 업체인 올리소(Oliso)를 들 수 있다.

다리미는 뜨거워야 다리미질이 되는데 옷을 태우지 않기 위해선 지나치게 뜨겁지 않아야 한다. 즉 뜨겁되 뜨겁지 않아야 하는 조건을 만족시켜야 하는 모순을 해결해야 하기 위해서 이 업체는 다림질을 할 때만 열이 전달되는 오토리프트 다리미를 만들어 냈다.

인류의 역사를 바꾼
바퀴

다른 교통수단에 비해서 연료를 사용하지 않고 가장 힘이 덜 들며 상대적으로 빠르고 안전하게 이동할 수 있는 교통수단을 택하라면 무엇을 택할 것인가?

대부분의 사람들은 자전거를 택할 것이다. 설마 인라인 스케이트를 택하겠는가.

자전거는 주유하지 않고도 내 의지대로 웬만한 곳엔 다 갈 수 있고 면허증 없이도 탈 수 있으며 고장이 나도 쉽게 자가 수리가 가능하기 때문이다. 게다가 요즘엔 GPS나 블랙박스를 다는 호사 아닌 호사를 부리며 자전거 전용도로를 달리기도 하고 산악자전거를 이용하여 험한 산길이나 비포장도로를 달리기도 한다.

바퀴의 위대함은 인류 문명의 궤도마저 바꿔놓았다고 해도 과언이 아닐 것이다.

역사상 바퀴의 발명은 대략 기원전 5,000년경으로 고대 문명의 발상지인 메소포타미아 지역으로 추정된다. 당시의 바퀴는 나무를 통째로 잘라 만든 원판 형태였으며 나무의 특성상 가로로 자르면 잘 쪼개지기 때문에 세로로 잘라서 만든 것이었다고 한다.

그 후 기원전 3,500년경에는 세 조각의 두꺼운 판자에 연결대를 붙인 뒤 이를 구리 못으로 고정하여 만든 바퀴로 발전하였고 기원전 2,000년경에 놀랍게도 바큇살 바퀴가 발명되었다. 이는 축대를 끼운 바퀴통에 4~6개의 바큇살을 연결한 형태의 바퀴로 당연히 원판형보다 훨씬 충격 흡수력이 좋고 가벼워 기동성의 발전을 가져왔다.

바퀴의 발전은 고대인들의 전쟁수단으로 많이 이용되었다. 히타이트 족들은 일찌감치 바큇살 바퀴를 단 전차를 제작하여 자신들의 전투력을 높였으며 이집트 왕국과 그리스-로마 시대에 이르러서 전차는 막중한 역할을 하였다.

19세기까지 바퀴의 외형상 모습은 바큇살의 개수가 많아진 것 외에는 큰 변화가 없었으며 기원전 100년경에 이르러서야 영국의 켈트족들에 의하여 나무바퀴의 빠른 마모를 줄이기 위해 바퀴 테두리에 철판을 덧대는 작은 변화가 있었다.

이처럼 원반형에서 바큇살 바퀴로의 발전은 바퀴의 바큇살 형태처럼 마치 우주로 확산되는 인간의 문명을 예고하는 것처럼 보인다.

만약 모든 문명이 극도로 발전되어가는 오늘날까지도 자동차의 바퀴가 철판을 덧댄 것이라면 과연 어떤 현상이 일어날까.

도시와 고속도로의 아스팔트는 아마 매일 복구를 해야 할 것이며 늘어난 자동차 숫자로 인해 세상 사람들은 모두 난청으로 고생할 것이겠지만 다행히도 타이어의 발명이 있었기에 그런 쓸데없는 고민에서 벗어나게 되었다.

미국인 '찰스 굿이어(Charles Goodyear, 1800년~1860년)'는 고무의 탄성을 증가시키는 고무가황법을 발명하여 고무타이어를 만든 사람이다.

1839년경 어느 날 실험실에서 천연고무와 황을 혼합하여 찌는 실험을 하던 중 고무덩어리를 실수로 난로에 떨어뜨렸는데 다음날 나와 보니 놀랍게도 고무가 녹지 않고 굉장한 내구성과 탄력성을 지닌 물질로 변화되었음을 발견하고 이를 실용화하기로 하였다.

굿이어는 마침내 1844년 특허권을 따냈으나 무리한 사업 확장에 의한 파산으로 큰 빚을 지고 감옥에 갇혀 영원히 나오지 못하고 1860년 사망하였다.

굿이어가 발명한 고무가황법은 다행히도 그의 아들 '찰스 굿이어 주니어'에 의해 빛을 보게 되어 1903년 자동차 바퀴에 고무를 두른 러버휠(Rubber Wheel)을 생산해 내게 된다.

굿이어 주니어는 러버휠에 붙여줄 이름을 어떻게 지을까 고민하다가 마침 그의 딸이 내뱉은 말에서 힌트를 얻었다고 한다.

아빠! 자동차의 부품 중 바퀴가 가장 피곤(Tired)한 것 같아요.

그래! 바로 타이어야.

비슷한 시기인 1888년 영국 스코틀랜드의 수의사였던 '존 보이드 던롭(John Boyd Dunlop, 1840년~1921년)'은 공기압 타이어를 원리를 발명하였다.

굿이어의 발명이 과학적 체계를 가진 실험의 실수에서 나온 것이라면 던롭의 발명은 어쩌면 아들을 사랑하는 부정이 앞선 결과라고 생각된다.

던롭의 아들은 모든 남자애처럼 자전거 타기를 즐겼는데 당시 자전거의 수준은 타이어도 없는 나무 바퀴에 철을 덧댄 정도라 주행성이 아주 형편없어 잘 다듬어지지 않은 도로를 달릴 때면 그 진동이 핸들과 안장을 통하여 온몸으로 전해져 흔들림이 심했고 작은 돌멩이에 살짝만 부딪쳐도 넘어지기 일쑤였다.

아들이 자전거를 타다 자주 넘어져 다치는 것을 안쓰럽게 여겨오던 어느 날 축구공을 가져와 바람을 넣어달라는 아들의 부탁에 기발한 아이디어를 얻은 던롭은 곧바로 고무호스를 자전거의 나무 바퀴에 감아 공기를 불어 넣어서 실험하였다. 그 결과는 놀라울 정도로 주행성과 승차감이 개선되었고 지면과의 마찰이 줄어 속도가 빨라졌던 것이다.

1895년 파리 '보르도 랠리'에서 던롭의 발명품은 그 빛을 발하였으며 프랑스인 미쉐린 형제가 던롭이 발명한 공기주입 타이어를 장착한 자동차를 보고 비슷한 제품을 만들어 최초로 공기주입식 타이어를 장착한 자동차를 양산해 내자 너도나도 굿이어에 의해 발명된 딱딱한 통고무 바퀴 보다 던롭의 공기주입 타이어를 찾게 되었다.

타이어의 발전은 거듭되었으며 1934년 미국 듀퐁사의 콜린스에 의해 천연고무를 대신한 네오프렌이라는 합성고무로 만든 타이어가 생산되어 타이어 산업의 일대 혁신을 가져왔다.

1903년에는 튜브리스 타이어가 개발되었으며 펑크가 나도 어느 정도의 거리를 일정 속도로 주행할 수 있는 런플랫 타이어가 등장했는가 하면 최근엔 아예 공기가 필요 없는 타이어도 만들어졌다.

하지만 바퀴의 운명은 지면을 대상으로 하며 마찰력을 줄여야 하는 선천적인 제약을 받기 때문에 어쨌든 땅에서 벗어날 수가 없을 것이다.

천만에! 최근에는 자율 주행을 넘어 하늘을 나는 자동차가 선보이기 시작했다.

지금껏 공상과학만화에서나 볼 수 있었던 하늘을 나는 자동차, 일명 '플라잉 카(Flying Car)'가 바야흐로 우리의 곁에 바짝 다가와 있는 것이다.

말 그대로 자동차처럼 도로주행도 가능하고 하늘을 날 수도 있는 플라잉 카가 레저용과 상업용 등으로 판매된다면 매일 출근길 생지옥에서 벗어날 수 있을 것이며 그런 시스템을 위한 공중에 떠 있는 휴게소나 정류장도 세워질 것이다.

다소 엉뚱한 상상일지도 모르겠지만 스텔스도료를 차체에 입혀 항로 위반을 시도하다 딱지를 떼이는 새로운 교통법규 위반 행위도 생길지도 모른다.

물론 플라잉 카의 상용화가 이뤄지려면 기술적인 안전성이나 기존 교통법규의 재정비 등 여러 가지 문제점들이 가로막혀 있어 쉽지 않겠지만 이미 내로라하는 세계 굴지의 기업들이 상용화의 가능성에 큰 기대를 걸고 뛰어든 상태로 수년 안에 '하늘을 나는 자동차'의 시대가 펼쳐질 것이다.

38

인터넷과
개인 방송

현대 문명의 총아라고 해도 손색이 없는 인터넷은 'Internet' 또는 'INTERNET'처럼 고유명사로 표기한다.

모든 물이 바다로 모여 하나가 되듯 정보의 바다인 인터넷으로 현대사회의 모든 것은 연결되어 있으며 e-mail, 파일 전송(FTP), 정보 검색, 뉴스, 온라인 게임, 온라인 상거래, 코로나로 인한 비대면 화상 회의, 그리고 개인 방송 시대를 맞아 널리 알려진 유튜브(YouTube) 등 인터넷 사용을 단 몇 분이라도 하지 못한다면 사회는 바로 정지될 정도로 인터넷의 영향력은 막강하다.

인터넷의 기원은 1969년 미국 국방성에 의해서 만들어진 아파넷(ARPANET)으로 미국 내 4개 대학의 통신망을 연결하기 위한 것이다.

물론 처음엔 군사적 목적으로 망이 구축되었지만, TCP/IP 프로토콜을 채택한 후부터 민간용 망인 아파넷과 군용 밀넷

(MILNET)으로 나누어졌다.

1987년 아파넷을 대신하여 미국 국립과학재단(NSF)에 의해 구축된 NSFNET이 그 역할을 담당하면서부터 본격적인 인터넷 시대가 시작되었다.

하지만 정부의 지원으로 운영되는 NSFNET은 상업적 사용에 많은 제약을 받기 때문에 이를 해소하고자 인터넷 사업자들에 의해 1992년 CIX(Commercial Internet Exchange)라는 상용 인터넷망이 구축되었다.

완전한 인터넷망의 구축으로 최대의 혜택을 받고 있는 플랫폼은 구글이 서비스 중인 유튜브(YouTube)라고 해도 과언이 아닐 것이다.

세계 최대 규모의 동영상 공유 플랫폼인 유튜브는 미국 캘리포니아주 샌 브루노에 본사를 두고 있으며 2005년 2월 채드 헐리, 스티브 천, 자베드 카림 등에 의해 공동으로 창립되었다.

최초의 유튜브 동영상은 2005년 4월 23일 오후 8시 27분 '자베드 카림(Jawed Karim, 1979년~)'이 올린 'Me at the zoo'라는 19초짜리 동영상으로 샌디에이고 동물원에서 찍은 코끼리에 대한 영상인데 유튜브를 검색하면 금방 볼 수 있다.

최초의 동영상 내용은 어떤 것일까? 기대감을 가지고 봤다가 그 내용이 겨우 '코끼리의 코는 진짜 진짜 진짜 길고 멋있다.'라는 것이 전부임에 실소를 금할 수 없었다.

이처럼 개인이 직접 동영상을 제작, 업로드하고 공유하며 수익창출까지 할 수 있는 점이 세계적인 인기를 끌어 가히 개인 방송 시대가 도래하였음을 실감한다.

물론 필자도 그림 관련 유튜브 채널을 운영하고 있긴 하지만 광고가 붙어 수익창출이 되기까지 엔 그 기간이 요원(遙遠) 하기만 하다.

39

자동으로 충전되는
배터리는 없을까?

비공식적인 세계 최초의 전지는 기원전 250년경 이미 존재한 것으로 알려지며 1932년 독일의 고고학자 케니히에 의해 이라크의 수도인 바그다드 근교의 한 언덕에서 발굴되었다고 한다. 물론 현대의 건전지처럼 아연 통과 같은 재료가 아니라 점토로 만든 것이며 너무 오래되어 당시에 사용했던 전해질도 파악할 수 없는 상태라고 한다.

현대적인 전지의 시초는 배터리의 아버지라 불리는 이탈리아의 '알렉산드로 볼타(Alessandro Volta, 1745년~1827년)'에 의해 1800년에 발명되었으며 이는 아연판과 은판을 댄 사이에 수산화나트륨을 적신 종이를 사용한 것으로 일명 습식 전지(wet-cell battery)라 불렀다. 이후 수용액을 사용하는 습식 전지의 구조상 설치된 위치를 움직이기 힘든 단점을 극복하고자 요즘 흔히 볼 수 있는 건전지(dry-cell battery)의 연구가 시작되었다.

1868년 프랑스의 '조지 르클랑쉬'에 의해 1.5V의 전압이 발생하는 망간 건전지가 발명되어 전류 소모가 낮은 시계, 리모컨, 인터폰 등에 사용되었으며 여러 종류의 건전지가 발명되었으나 사람들은 점점 더 수명이 길고 강한 전지를 원하게 되었다.

1950년 캐나다의 '루이스 어리'에 의해 망간 전지보다 훨씬 수명이 더 길고 1.43V의 전압을 가진 알카라인 전지가 발명되어 전류 소모가 많은 전기모터, 미니카, 카메라 등에 사용되고 있다. 하지만 이때까지만 해도 전지는 모두 일회용으로 자원낭비와 토양오염의 문제점이 발생하였다.

전지의 종류는 한 번 쓰고 버리는 1차 전지(disposable battery)와 재충전하여 여러 번 사용이 가능한 2차 전지(reusable battery)로 나뉘며 1차 전지는 일반적으로 망간 전지를 말한다.

누구나 한 대쯤 있는 휴대전화의 배터리 역시 2차 전지에 속하는데 용량을 늘리고 크기를 줄이기 힘든 기술적 한계에 도달한 상태여서 좀 더 오래가고 강한 배터리는 휴대전화에 있어서 난제 중 하나로 대두되고 있다.

인류가 전지를 발명한 후 가장 진화된 것이 리튬계 전지이며 리튬계 전지에는 '리튬 이온 전지(Lithium-Ion batter)'와 '리튬 폴리머 전지(Li-Polymer batter)'의 두 가지 종류가 있다.

초기 리튬 이온 전지는 충전 시 온도 상승으로 인한 폭발사고의 치명적 약점이 있었으나 근래는 보호회로(PCM, Protect Circuit

Module)의 채용으로 극히 안정화되었다.

리튬 폴리머 전지는 리튬 이온 전지의 단점을 개선한 차세대 전지로 겔 상태의 폴리머를 사용하기 때문에 디자인을 다양화할 수 있고 리튬 이온 전지와는 달리 용액이 누출될 염려가 없어 폭발의 위험성이 없다는 큰 장점이 있지만, 생산단가가 비싸다는 단점이 있다.

재충전이 가능한 2차 전지라 해도 일정 횟수 이상의 방전을 하면 더 이상 사용 불가하다. 흔히 잘못 알고 있는 점은 휴대폰을 완전히 방전한 후 완전히 충전해야 배터리를 오래 사용할 수 있다고 알고 있는데 리튬 이온 전지와 리튬 폴리머 전지는 메모리 효과가 거의 없어서 사용 중 배터리 양이 줄어들면 바로바로 충전해서 사용해도 상관이 없다.

40

자연은
발명의 천재

독일의 동물학자 '베르너 나흐티갈'은 '자연은 발명의 천재'라고 말한 바 있다.

돌고래를 닮은 잠수함, 잠자리를 닮은 헬리콥터, 아프리카 나미브 사막에 사는 스테노카라 딱정벌레에서 힌트를 얻은 물을 모으는 '와카 워터 탑', 박쥐의 날개에서 힌트를 얻은 레오나르도의 비행체 설계, 혹등고래의 지느러미 돌기와 가리비 조개의 울퉁불퉁한 주름에서 얻은 에어컨의 소음방지기술, 새의 부리를 닮은 고속열차의 앞부분 등등 동물의 행동이나 모습에서 아이디어를 얻은 발명품은 수없이 많다.

'베르너 나흐티갈'의 주장을 빌리자면 핀셋은 도요새의 긴 부리에서 영감을 얻은 것이라고 한다.

핀셋(Pincette)이나 족집게(Tweezers)의 원리와 구조는 똑같지만 세밀하게 따지자면 핀셋은 끝이 뾰쪽하고 족집게는 좀 넓적하며 두 가지다 일상이나 화학, 의료, 전자, 기계공학 등의 분야에서 널리 활용되고 있다.

핀셋의 원리는 지렛대와 동일한데 손잡이 부분은 받침점, 손가락으로 누르는 지점은 힘점, 물건을 집는 끝부분은 작용점에 해당되어 받침점, 힘점, 작용점이 순서대로 있는 3종 지레에 해당된다.

이 방식의 지레는 받침점-힘점 거리가 받침점-작용점 거리보다 짧기 때문에 힘의 손실을 생기지만 이동거리가 길어 정교한 작업이 가능하다.

검은 머리칼도 세월이 지나면 어느새 하얗게 백발이 된다.

옛날 얘기지만, 나이 든 본처와 젊은 첩을 둔 한 양반이 있었는데 첩은 족집게를 들고 항상 양반의 흰머리칼을 뽑아내 젊은 분위기에 맞추려 하였고 본처는 영감이 젊은 첩과 다정하게 지내는 꼴이 보기 싫어 항상 검은 머리칼을 뽑아버려 결국 양반은 대머리가 되었다는 족집게에 관한 얘기도 있다.

검은 머리칼이나 흰머리칼을 뽑는 것도 중요하지만 사람의 편견을 뽑아주는 족집게가 있었으면 얼마나 좋을까.

41

작은 거인
'O 링'

4차 산업이라는 용어는 2015년 독일계 스위스의 경제학자인 '클라우스 슈바프(Klaus Schwab, 1938년~)'에 의해 포린 어페어라는 잡지의 투고 글에서 처음 사용되었다. 오늘날 정보·지식산업의 빠른 발전으로 4차 산업이 도래하게 되었으며 이는 인공지능(Artificial Intelligence)을 주요 수단으로 하여 자동화와 정보통신 기술의 융합이 극대화되는 산업 환경의 변화를 말하는 것이다.

4차 산업은 우리의 인지속도를 능가하여 어느새 생활주변 곳곳에 깊숙이 파고들기 시작했으며 3D 프린팅, 드론, 자율 주행 자동차, 빅데이터, 로봇청소기, 웨어러블 기기, 태양광, 수소에너지 등등 그 분야가 수없이 많다. 4차 산업 이후는 어떤 사회로 진입할까?

정확히 예견할 순 없지만, 필자는 우주시대가 도래할 것으로 생각한다.

미국, 중국, 러시아 등의 강대국들이 기를 쓰고 항공 우주기술에 매진하는 것은 이미 우주시대를 예견하고 있기 때문일 것이다.

우리나라 역시 나로우주센터를 구축하여 러시아와의 국제 협력 방식으로 우주발사체를 개발 추진하고 있는데 우주개발의 역사가 짧고 기술력이 부족하여 그 과정이 순탄치 않았다.

2009년 8월 25일 1차 발사를 하였으나 이륙 후 216초 만에 한쪽 페어링이 미분리되어 실패하였고, 2010년 6월 10일 2차 발사에서는 이륙 약 137.3초 만에 불의의 폭발로 실패하였으며 2013년 1월 30일 3차 발사를 성공하여 대한민국 최초의 우주발사체인 100kg급 소형 인공위성인 나로호(KSLV-I)를 지구 저궤도에 올릴 수 있었다.

하지만, 3차 발사는 결코 순조롭게 진행되지 않았다. 발사 전 로켓에 이상이 발견되어 발사 지연이 되는 바람에 연구원을 비롯한 온 국민의 희망이 물거품이 될 뻔했었다.

사고의 주인공은 로켓에 연료를 주입하는 연결 포트에 쓰이는 작은 'O 링'으로 밝혀졌는데 추운 날씨 탓에 압축 고무로 만들어진 고무링(O 링)이 찢어져 연료가 채워지지 않았던 것이다.

이 사고는 1986년 1월 28일 고체 연료 추진기의 고무링(O 링)의 연소로 인해 이륙 직후 폭발, 7명의 대원이 희생된 미국의 유인 우주왕복선 챌린저(Challenger)호를 연상케 한다.

거대한 로켓이 작은 'O 링' 때문에 폭발할 수도 있으니 작은 게 결코 작은 게 아닌 것 같다.

작은 분노가 만들어낸 셀카봉

사람들은 왜 자신의 얼굴에 많은 관심을 가질까?

너무나 당연한 얘기지만 남녀노소를 막론하고 변해가는 자신의 얼굴에 관심을 가지며 시간적인 이미지를 공간에 남기고 싶어 화가에게 얼굴을 맡기거나 사진가에게 부탁한다.

자화상을 그린다거나 또는 남에게 멋있는 사진을 부탁하여도 마음에 꼭 드는 결과물이 나오긴 어렵다.

집단적 소원은 드디어 특별한 발명품을 만들어 냈는데 이른바 셀카봉의 탄생이다.

사실 셀카봉은 아직까지 정확히 발명자가 누구라고 말하긴 좀 어렵지만 가장 최근에 알려진 바로는 영국인 '아놀드 호그'가 만든 것으로 추정되고 있다.

1926년 영국 중부 워릭셔의 한 가정집 앞에서 '아놀드 호그'가 그 부인과 함께 찍은 한 장의 사진이 그의 손자에 의해 밝혀져 셀프 사진의 원조로 알려지고 있는데 사진의 하단에 'Self Taken, Oct 1926' 즉 '셀프로 1926년 10월에 찍다.'라고 적혀있으며 실제 사진 상에서도 셀카봉을 들고 찍을 때의 모습이 자연스럽게 포착되어 있다.

셀카봉을 상품화하여 특허등록을 한 경우로는 1983년 일본인 '우에다 히로시'와 '미마 유지로'를 들 수 있는데 이들은 1983년 일본에 특허출원을 하여 1984년 등록을 받은 후 이듬해인 1984년 1월에 미국에 특허출원을 하여 1985년 7월 미국에서만 특허등록을 마쳤다.

당시에는 디지털카메라가 막 등장하던 시기라 전면 액정 기술이 없어 볼록거울을 달아 자신의 얼굴을 보면서 찍는 형태였지만 요즘의 셀카봉과 비교해도 그 원리와 완성도가 크게 뒤떨어지지 않는다.

시대를 너무 앞섰던 탓일까, 히로시 스스로도 그들의 발명품을 '새벽 3시의 발명'이라고 불렀듯이 셀카봉은 그때만 해도 큰 인기를 끌지 못했다.

하지만 미국 타임지는 2014년 올해의 최고 발명품 25가지에 셀카봉을 등재했으며 한국에서 선풍적인 인기를 끌고 있는 제품이라고 소개했다.

사실 유명한 아이폰이 2007년 6월에 발명되었으니 우에다 히로시와 미마 유지로가 만든 셀카봉이 얼마나 시대의 흐름을 앞서간

제품이었는지 알 수 있겠다.

셀카봉이 발명된 계기에는 하나의 일화가 전해진다. 파리 여행 중 루브르 박물관을 방문한 히로시가 박물관을 배경으로 기념사진을 찍기 위해 어느 소년에게 카메라를 넘겼는데 그만 소년이 고가의 카메라를 들고 도망쳐버려 여행 내내 남의 카메라를 빌리는 수고를 겪은 히로시는 이를 해결하고자 셀카봉을 만들었다고 한다.

셀카봉은 집단적 소원이긴 하지만 결국, 한 사람의 작은 분노가 만든 발명품 아니겠는가.

43

잘 붙고 잘 떨어지는
포스트잇

우리가 너무나 편하게 사용하기 때문에 유용함을 잊고 지내는 일상의 어떤 발명품 하나를 만들려면 많은 과학자와 연구원들의 끊임없는 노력과 막대한 자본이 필요하다.

하지만 어떤 경우에는 어이없는 실수로 인한 결과물이 뜻밖에 훌륭한 발명품의 대열에 들기도 한다.

잘 붙기도 하면서 잘 떨어지는 것!

모순되어 앞뒤가 맞지 않는 말이다. 1970년 미국의 3M사의 연구원이었던 '스펜서 실버(Spencer Silver, 1941년~2021년)'는 우주항공산업에 필요한 강력접착제를 개발하던 중 오히려 접착력이 형편없는 실패작을 만들게 되었다.

실패작인 이 접착제는 적당한 접착력을 지니고 있어서 붙기도 잘 붙었지만 잘 떨어지기도 했따. 스펜서 실버는 클립이나 압정 대신 메모지의 접착제로 사용하자는 제안을 하였지만, 회사로부터 냉랭

하게 외면을 당했다.

5년 후 같은 회사의 '아트 프라이(Art Fry)'가 교회 성가대의 악보가 자주 빠지는 것에 착안해 이 실패작을 책갈피로도 사용할 수 있겠다는 점을 들어 판매 아이디어를 냈지만, 회사로부터 또다시 거절을 당하였다.

3년이 흐른 후 관리자 '제프 니콜슨'이 연구원들의 아이디어를 지지하면서 실패작을 활용한 메모지 샘플을 무료로 나눠주기 시작하였고 그 결과 큰 호응을 얻게 되었다. 1981년 첫 판매를 시작하여 포스트잇(Post-it)은 빛을 보게 되었다.

하지만 시험엔 떨어졌다 붙었다 하면 안 된다.

44

진정한 여성해방의 발명
먹는 피임약

영국 문화원은 1934년 영국 정부가 설립한 비영리 단체로서 문화외교와 세계 각국의 영어 보급을 목적으로 하고 있다.

영국 문화원이 설립 80주년을 맞은 기념으로 지난 80년간 세계인의 생활패턴을 바꾼 사건에 대해 선진 10개국 1만 명을 대상으로 실시한 재미있는 설문조사가 있었는데 1위에 인터넷망, 2위는 페니실린, 3위에는 뜻밖에 먹는 피임약이 선정되었다.

인터넷을 단 몇 분만 사용을 못 하게 되더라도 그 불편함은 설명할 필요도 없을 만큼 영향력이 크고 페니실린의 발명 역시 인류를 구한 지대한 공로가 인정되지만, 피임약이 없다고 사는데 지장이 있을까?

남성의 입장에서 보면 큰 지장이 없겠지만 전 세계 여성의 입장에서 보면 원치 않는 임신에 대한 공포심을 제거해 준 대단한 발명품임에 틀림없겠다.

먹는 피임약은 미국 하버드대 그레고리 핀커스 교수팀에 의해

1956년 발명된 이래 1960년 FDA의 승인을 받아 전 세계에 널리 보급되어 여성들의 삶의 질을 크게 향상시켜 주었다.

우리나라에 먹는 피임약이 도입된 것은 1968년부터인데 초기엔 호르몬 부작용으로 인한 여드름이나 유방암 발생 등의 두려움 때문에 복용을 꺼려하는 여성들이 많았다고 한다.

이런 점들은 1975년 이전의 에스트로젠의 함량이 높았던 초기 피임약에서 가끔 보고된 바가 있었으나 최근에는 피임약의 개선으로 2000년 이후 오히려 피임약을 계속 복용한 여성보다 그렇지 않은 여성들의 유방암 발병률이 높다는 연구가 속속 발표되고 있고 피임약이 자궁 관련 질환에 대한 치료제 역할도 하여 피임약의 복용으로 인한 이득이 실보다 훨씬 많다고 한다. 피임약 복용에 대한 막연한 두려움을 갖기보다 정해진 복용방법대로만 잘 복용한다면 거의 완벽한 피임 효과를 볼 수 있다고 하므로 원치 않는 임신으로 인한 낙태를 미연에 막아 여성의 정신적·육체적 건강을 지키고 소중한 태아의 생명을 지우는 것을 방지해야 옳다고 본다.

45

짠돌이 전략이
가져다준 행운

차는 커피와 함께 인류의 음료 문화에 많은 영향을 주는 대표적인 음료 중 하나이다.

지구상에서 매일 약 40억 잔 이상 소비되는 차 중 티백 차의 소비율이 90%에 가깝다고 하니 차 산업의 일등공신은 티백임이 분명하다.

차의 기원은 약 2700년경 중국에서 시작되었으며 15~16세기경에 유럽으로 전파되었다.

18세기경 영국은 유럽 중에서도 가장 차를 사랑하는 나라였다.

차 보급의 일등공신인 티백의 발명자는 영국의 'A. V. 스미스'인데 1896년 가제로 겉을 싼 '티볼(Tea ball)'로 특허를 취득하여 판매했으나 큰 주목을 받지 못했다.

1904년 뉴욕의 차 상인이었던 '토마스 설리번'은 차의 홍보를 위해 고객들에게 주석으로 만든 상자에 차를 넣어 선물로 보내곤 했는데 어느 해엔 순전히 경비 절감을 위해 주석상자 대신 비단 주머니에 딱 한잔 분량의 차를 넣어 보냈다.

짠돌이 전략이 가져온 행운이랄까? 이후 고객들로부터 차보다 비단 주머니만 따로 구입할 수 없냐는 다소 황당한 문의가 계속되었고 곰곰이 이유를 생각하던 설리번은 고객 중 한 명이 차를 우려내는 모습을 보고 무릎을 탁! 쳤다.

고객들은 샘플을 받은 후 포장용 비단 주머니를 원래부터 이렇게 나온 신제품으로 여기고 비단 주머니를 그대로 뜨거운 물에 담가 차를 우려 마시고 있었던 것이다.

찻잎 찌꺼기를 건질 필요도 없고 차의 양을 일정하게 한 잔 정도의 양을 비단 주머니에 담아 우려내면 되었으니 얼마나 편리한가.

이에 영감을 얻은 설리번은 1908년 비단 주머니 대신에 거즈를 이용한 티백을 만들어 판매하기 시작했고 이후 몇몇 사람들에 의해 더 개량된 티백이 만들어졌지만, 여전히 영국의 차 애호가들은 티백을 경박하다고 여겨 거부했다.

1964년 테틀리 사에 의해 티백의 구멍을 크게 늘려 차 맛이 개선된 티백이 나왔으며 이후 영국에서도 오늘날에는 티백 차가 압도적인 인기를 끌고 있다.

46

천막이 될 뻔했던 청바지

지구상에 사는 거의 모든 사람들이 한 벌 이상 가지고 있을 청바지는 미국인 '리바이 스트라우스(Levi Strauss, 1829년~1902년)'에 의해 이른바 골드러시(gold rush: 1848년~1850년) 때에 발명되었다.

1948년 캘리포니아주 샌프란시스코 일대의 강과 그 일대에서 금광이 발견되어 금을 캐기 위해 모여든 수많은 사람으로 일대에 천막촌이 형성되었다.

1853년 무역상이었던 '리바이 스트라우스'는 막대한 양의 천막천과 광부들에게 필요한 실, 바늘 등을 싣고 샌프란시스코로 이주해 장사를 하던 중 천막 10만 개를 납품해달라는 군납업자의 제안을 받았다. 그는 생산시설과 직원들을 더 늘려 빠듯한 납품기일을 맞출 수 있게 되었다. 기일에 맞춰 천막 10만 개를 마차에 싣고 큰돈을 만질 수 있다는 꿈에 부풀어 군납업자를 찾아간 리바이 스트라우스는 업자로부터 청천벽력과 같은 소리를 듣게 되었다.

"군대의 천막으로 청색 천막은 쓸 수 없소!"

너무나 당연한 말이었지만 생각지도 못한 말에 망연자실한 '리바이 스트라우스'는 하소연 한마디 못하고 돌아서며 당장 직원들의 급료 지급과 빌린 공장의 건설비용을 어떻게 갚아야 할지 고심하였다.

'제길! 요즘 작업복들은 왜 이렇게 빨리 망가지는 거야.'
술집에서 맥주를 마시던 한 광부가 드러난 자신의 무릎을 만지며 화를 내자

"정말 요즘 작업복은 하루만 입어도 해어져서 밤에는 옷 꿰매는 일로 잠도 제대로 못 잔다니까!", "튼튼한 옷이 나오면 정말 좋을 텐데!"

다른 광부들도 여기저기서 한마디씩 거들기 시작했다.
이때 맥주잔을 멀리 밀고 벌떡 일어서는 남자가 있었다.
하하하! 나는 이제 살게 되었다.
궁하면 통한다는 말은 바로 이런 경우를 두고 한 말일 것이다.
'리바이 스트라우스'는 그길로 천막 천으로 청바지를 만들어 '리바이스(Levi's)'라는 이름으로 미국 전체에 팔기 시작했고 청바지

는 날개가 돋친 듯이 팔리게 되어 그 후 10년 만에 광부를 비롯하여 농부, 카우보이 등 모든 층에서 튼튼한 청바지를 애호하게 되었고 오늘날에 이르렀다.

리벳은 청바지를 더욱 튼튼하게 해주려고 주머니 등에 박은 것인데 요즘엔 청바지의 앞주머니에는 리벳을 볼 수 있으나 뒷주머니에는 볼 수가 없다.

원래 청바지의 주머니는 리벳 처리가 되어있었으나 가구나 자동차의 시트 등에 작은 홈집이 생길 것을 우려해 1960년대부터 청바지 뒷주머니의 리벳은 사라지게 되었고 요즘은 바느질 처리만 되어 있다.

청바지의 재료로 쓰이는 천은 무척 질기고 튼튼한 데님(denim)인데 이는 서지 드 님(Serge de Nimes)에서 유래되었으며 프랑스의 '님' 지방에서 생산되는 질긴 능직물인 서지(Serge)를 말한다.

청바지의 작은 Tip!

청바지의 오른쪽 앞주머니 입구에 달린 조그만 주머니의 기능은 무엇일까? 요즘은 주로 동전이나 열쇠 등을 넣고 다니지만 원래 이 주머니는 당시 손목시계가 없어 둥근 회중시계를 사용하던 노동자들을 위한 것이라 한다.

47

초콜릿에서
아이디어를!

도마뱀은 다른 포식자로부터 자신의 생명이 위험해질 땐 꼬리를 자르고 도망가 목숨을 부지하는데 이것을 보고 사람도 위험해 처했을 때 도마뱀처럼 한쪽 팔을 떼어주고 도망가면 되지 않을까? 하는 말도 안 되는 생각을 해본 적이 있다. 물론 도마뱀처럼 신체가 완벽하게 재생된다는 보장이 있어야겠지만 말이다.

사무용품 중 필요한 만큼 쓰다가 더 이상 쓸모가 없는 부분은 버리는 것으론 커터 칼이 가장 대표적일 것이다

'오카다 요시오'는 1935년 일본 오사카 출생으로 제2차 세계대전 후 작은 인쇄소의 직공으로 일하던 중 빨리 무뎌지는 칼날 때문에 항상 힘들어했다.

평소 다른 인쇄소에 다니던 동생과도 같은 문제로 자주 고민을 나누다 미군들이 먹는 초콜릿처럼 필요한 만큼 떼서 사용할 수 없을까? 하는 얘기가 나왔지만, 제품으로의 연결은 쉽지 않았다. 어

느 날 요시오는 날 유리컵을 만지다 실수로 컵을 깨어 조각난 유리 조각을 치우다 문득 아이디어가 떠올랐다.

그렇지! 구두 수선공들이 유리조각으로 가죽을 자를 때 유리의 날이 무뎌지면 깨서 날카로운 부분을 다시 쓰는 것처럼 종이 자르는 칼도 그렇게 만들면 되겠구나.

요시오는 초콜릿과 유리조각! 두 가지에서 공통점을 찾아내어 연구에 몰두하였고 많은 시행착오 끝에 1956년 드디어 슬라이딩 방식의 커터 칼을 시제품으로 만들어냈다.

대량생산을 위해 여러 문구회사를 찾아다녔으나 시큰둥한 반응에 요시오는 직접 커터 칼을 생산해 판매하기로 결심하고 동생과 함께 실용신안특허를 출원한 후 오카다 상회를 설립했다.

이들은 전 재산을 통틀어 약 3천 개의 커터 칼을 작은 공장에 주문했지만, 품질과 치수 등의 완성도 면에서 편차가 심해 판매에 어려움을 겪게 되었다.

하지만 반응이 좋아 상업화에 자신감을 얻은 이들은 소규모 기업의 한계성을 극복하고자 니혼 전사지와의 협력을 꾀하였지만, 경영방식의 대립으로 마침내 1967년 니혼 전사지와 결별하고 오카다 산업을 설립한 후 특유의 노란색 색상을 가진 올파(OLPA)라는 브랜드를 만들어냈으며 1984년엔 회사명을 올파(OLPA)로 변경했다. 오늘날 올파의 칼날 각도, 강도, 크기 등은 세계 표준이 되었다.

혹시 초강력 마그네틱을 커터 칼에 적용하여 칼날이 무뎌지

면 저절로 떨어지고 새 칼날로 교체되는 제품은 만들 수 없을
까? OLPA 사에서 내게 연락이 올지도 모르겠으니 기대해 봐야
겠다.

커피의 발견자
염소

커피의 기원에 대한 정확한 기록은 어디에도 없지만, 술이 만들어진 역사처럼 자연에서의 우연한 발견으로 추정된다.

구전에 의하면, 에티오피아(Ethiopia) 카파(Kapa)주의 한 고원에서 목동 칼디(Ksldi)가 어느 날 기르던 염소들이 관목에 열린 붉은 열매를 따 먹은 후 흥분하며 날뛰는 것을 보고 이를 이상하게 여겨 자신도 먹어보고 기분이 상쾌해짐을 느껴 근방 수도원에 이 사실을 알렸다고 한다. 이후 수도원의 수행자들이 기도할 때 졸음을 쫓는 용도로 사용하였다고 하며 정신을 맑게 해주는 신성한 약으로 인식되어 마을의 종교의식에 사용되었다고 한다.

커피가 유럽에 전래된 설은 여러 가지가 있지만 그중 하나로 AD 525년 에티오피아가 예멘을 침략했을 때 아라비아반도에 전해진 것으로 추정한다.

예멘에 전해진 커피는 약 1000여 년간 이슬람권에서 외부 세계로의 유출이 엄격히 통제되었으나 매년 밀려오는 메카 순례자들의 발길을 막지 못했고 결국 인도의 순례자 '바바 부단'에 의해 1665년 경 7가지의 커피 종자가 유출되었다.

이후 '바바 부단'은 자신의 고국 남인도에 돌아와 해발 1800m의 찬드라 언덕에 커피 씨앗을 심었고 1670년부터 본격적인 재배가 시작되어 유럽으로 커피를 공급하는 주요 공급지가 되었다.

오늘날에는 전 세계로 보급된 커피의 대중화로 각국의 어느 곳에나 커피하우스가 넘쳐나지만 1674년 영국에서는 커피하우스가 남성들만의 사교장으로 운영된다는 이유로 커피하우스를 폐점하라는 '커피를 반대하는 여성들의 탄원서'를 내는 사건도 있었다.

터키의 '커피는 지옥처럼 어둡고, 죽음처럼 강하고 사랑처럼 달콤하다'라는 속담처럼 커피의 종류도 많지만, 각자의 취향이 다르므로 딱 꼬집어 어떤 것이 최고라고 결정지을 순 없다.

많은 커피의 종류 중에서도 동서식품에서 1976년 세계 최초로 내놓은 1회용 커피믹스는 그 아이디어가 독보적이고 편리하며 맛도 좋은데 처음엔 커피와 크리머, 설탕을 배합한 것이었지만 1987년엔 세 가지가 섞이지 않고 설탕량을 조절할 수 있는 커피믹스를 출시해서 큰 인기를 끌고 있다.

독특한 커피로는 '코피 루왁(인도네시아어: Kopi Luwak)'인데 루왁(말레이 사향고양이)이 먹고 배출한 커피 열매로 만든 것으로 그

향기가 독특하고 깊은 맛으로 유명하다고 한다.

제조법이 비슷한 커피로 베트남 쯔엉선(Truong Son) 회사에서 만든 '콘삭 커피'가 있는데 '다람쥐 커피', '다람쥐 똥 커피'로 알려지기도 해서 다람쥐 똥으로 만든 것으로 알지만, 사실은 후각이 뛰어난 족제비가 커피 열매를 먹은 후 배출된 생두로 만든 것이다.

원래 야생의 족제비에게서 얻은 생두를 사용했지만, 최근엔 사육하는 족제비에게서 얻은 생두에 헤이즐넛 향을 첨가한 것이라 하며 다람쥐가 헤이즐넛을 좋아한다는 것에 착안하여 귀여운 다람쥐(베트남어: Con Soc) 이미지를 상표와 이름에 사용한 것이라 한다.

커피의 보급과 개량은 인간이 했지만, 커피의 발견은 '염소'라고 해야 하지 않을까?

49

태양에 특허를
낼 수 있겠나?

인간의 생존은 바이러스와의 전쟁이라고 해도 전혀 과언이 아닐 것이다.

바이러스는 인간과 공존하며 진화를 거듭해 인류의 생명을 위협하고 있는바, 수두, 홍역, 감기, 소아마비, 에이즈, 대상포진, COVID19 등 종류가 많아 나열하기도 힘들 지경이다.

미국의 제32대 대통령(재임: 1933년~1945년)으로 네 번이나 대통령직을 지낸 '프랭클린 D. 루스벨트(Franklin Delano Roosevelt, 1882년~1945년)'는 폴리오(소아마비)의 희생자 중 한 명으로 알려져 있다. 1920년 부통령 선거에서 참패하고 다음 해 캄포벨로 별장에서 휴가 중 폴리오에 걸려 불편한 몸으로 평생을 고생하게 된 그는 1938년 민간재단인 소아마비 국립 재단(National Foundation for Infantile Paralysis)을 설립해 소아마비 퇴치에 앞장섰다.

하지만, 현대의학의 관점에서는 루스벨트는 폴리오를 앓았던 게 아니라 길랭-바레 증후군(급성감염성 다발 신경염)에 걸렸던 것으로 보고 있다.

1952년 미국의 역사상 58,000건의 폴리오의 발병으로 3,145명 사망, 21,269명이 폴리오 환자가 되었다고 하며 이로 인한 미국인들의 공포가 원자폭탄만큼이나 컸다고 하니 미국 정부가 얼마나 골머리를 앓았는지 짐작할 수 있겠다.

폴리오 백신의 종류에는 주사용 백신과 먹는 백신이 있다.

최초의 주사용 백신은 1948년 폴리오 국립 재단의 전폭적인 지원으로 시작된 '조너스 소크(Jonas Salk, 1914년~1995년)'가 발명한 불활성화 폴리오 백신이다.

소크는 백신 개발 임상시험에 자신을 포함한 가족들까지 참여시킨 것으로도 유명한데, 1954년 20,000명의 의료인, 64,000명의 교직원, 220,000명의 자원봉사자, 1,800,000명의 아동을 상대로 대규모의 임상시험을 마친 후 1955년 4월 12일 기자회견을 열어 백신의 안정성을 공표하였고 백신은 그해 곧바로 상용화되었다.

이로 인해 일약 세계적인 유명 인사가 된 소크는 오늘날 폴리오 퇴치의 대명사가 되었다.

이후 소크는 미국 CBS와의 인터뷰에서 백신의 특허를 낼 생각인가라는 질문에

"특허를 가진 것은 대중들일 것이다. 태양에 특허를 낼 수 있겠

나?"(Well, the people I would say. There is no patent. Could you patent the sun?)라고 멋있는 답을 하여 또 한 번의 유명세를 치르기도 했다.

소크의 연구 이전에 이미 선행된 연구가 있어서이기도 하겠지만 오늘날 코로나19 백신의 개발자들이 소크처럼 선뜻 특허료를 양보할 수 있을까?

'알버트 사빈(Albert Sabin, 1906년~1993년)'은 약독화한 생바이러스를 이용한 먹는 폴리오 백신을 개발하였으며 1961년부터 상용화되었는데 주사의 공포를 해결한 점과 1회 경구 투여만으로 면역이 생긴다는 장점 때문에 세계적으로 널리 보급되었다.

하지만, 사빈의 백신은 경구 투여 후 1백만 도스(dose) 당 대략 3건 정도의 극히 드문 백신으로 인한 부작용이 보고가 되었다.

이미 소크의 백신 보급으로 폴리오 발생이 줄어들어 1999년 이후 더 이상 미국에서는 폴리오의 보고가 없으며 전 세계적으로 폴리오는 퇴치가 되었다. 또한 불활성화 백신의 안정성이 인정되어 2000년 이후 미국에서는 다시 불활성화 백신을 선호하게 되었다.

50

파피루스에서
전자종이에 이르기까지

종이가 귀했던 시절을 아는가? 모른다면 꽤 부유한 시절에 살고 있다고 해야겠다.

까짓 종이 정도 가지고 그러냐고 생각할지도 모르겠지만 불과 몇십 년 전만 해도 지금처럼 종이가 풍족하지도 않았고 지질도 좋지 않았다.

어린 시절 선화지(仙花紙)라는 재생 펄프로 만든 누리끼리한 저질 종이에 인쇄된 만화도 있었는데 아무리 조심해서 봐도 몇 번 보면 책장이 찢겨나가기 일쑤였다.

요즘에야 흔한 것의 대명사 정도가 되었지만, 종이만큼 인류의 역사를 정확하게 기록할 수 있게 해준 서사적 발명품도 많지 않다.

금속활자의 발명은 우리나라가 최초이며 청주 흥덕사에서 1377년 찍어낸『백운화상초록불조직지심체요절』은 현존하는 세계 최고(最古의) 금속 활자본으로 유네스코에 등재되어 있다.

1450년 경에 발명된 구텐베르크의 인쇄술도 종이가 없었다면 아예 그 발명의 필요성조차 느끼지 못했었을 것이며 종교혁명이나 문예부흥으로 인한 지식의 대중화 역시 없었을 것이다.

2021년 인사동의 건물 철거 공사 중 세종 갑인자(1434년)로 추정되는 금속 한자 활자가 여러 점 발굴되었다. 그동안 최고(最古)의 금속 활자본은 유네스코에 등재되어 있었으나 뒷받침되는 금속 활자를 찾지 못했는데 이번 발굴로 인하여 구텐베르크의 활자보다 최소한 16년 정도 앞선 활자를 가지게 되었다.

고대 이집트에서는 파피루스(Papyrus)라는 식물을 가공해 종이의 대용으로 사용했었는데 종이(Paper)의 명칭은 이로부터 유래되었으며 그 역사는 중국의 후한의 채륜이 105년경 중국 전역에 퍼져있던 종이 제조법을 체계화하여 왕실에 납품한 것이 최초로 알려져 있다.

시대의 변화로 종이책을 대신해 전자책이 대중화되어 가는 추세이며 LCD(Liquid Crystal Display)는 물론이고 휘어지는 플라스틱 전자종이도 생산되고 있다.

LCD는 광학적으로 수동적 발광을 하기 때문에 전력을 거의 소모하지 않으며 마치 종이책처럼 가독성도 좋은 편이고 종이를 낭비하지 않아 친환경적이기도 하다.

펄프를 제조하기 위해선 천연림을 베어내고 인공림을 조성해야 하는데 천연림을 벌목하는 과정에서 제초제를 뿌리게 되어 생태계가 파괴되며 일률적인 수종으로 조성되는 인공림은 숲의 조화를 깨뜨린다.

스리랑카에서는 인간의 무분별한 산림파괴로 서식지가 줄어든 코끼리가 먹이를 찾아 민가로 내려와 농작물을 헤치는 등 인간과의 갈등으로 사살당하는 일이 잦아 한때 아시아 코끼리는 멸종이 위기에 처해졌었다. 하지만 한 사회적 기업이 코끼리 똥을 이용한 종이를 생산해내면서 코끼리가 지역 경제에 이익을 주게 되면서 주민들과의 갈등이 없어졌고 멸종의 걱정도 사라졌다.

코끼리는 하루에 약 100kg의 똥을 싸는데 똥 속엔 45% 정도의 섬유질이 포함되어 있어서 A4 용지로 치면 660장 정도의 종이를 만들 수 있다고 한다.

결국, 코끼리는 똥으로 인하여 자신의 목숨을 지키고 사람들의 생활에 도움을 주며 넓게는 지구환경을 보호하게 되었다.

51

마네킹의 원조는
허수아비

머리가 반쪽밖에 없는 사람, 다리가 한 짝인 사람, 허리가 잘린 사람들이 거리에 서있다.

이 무슨 섬뜩한 얘기인가?

거리를 걷다 보면 패션상가에서 자태를 뽐내고 있는 여러 종류의 마네킹을 볼 수 있을 것이다.

의복을 구입할 때 중요한 것은 가격, 재질, 유행, 치수 등 여러 가지겠지만 정작 구매의욕을 고취시키는데 큰 역할을 하는 것은 판매자의 설명 보다 묵묵히 서 있는 마네킹일 수 있다.

구매하고자 한 의복이 자신의 취향과 딱 맞아떨어진다면 더없이 행복한 쇼핑이 되겠지만, 마네킹에 입혀진 옷을 보고 구매해 입은 옷이 자신의 몸 치수에 맞지 않는다면 환불을 요구하게 되거나 시간 낭비를 겪는 짜증 쇼핑이 될 것이다.

이러한 소비현상은 특히 인터넷 쇼핑몰에서 구매한 경우가 많은데 이를 '구매 후 부조화(postpurchase dissonansce)'라고 한다.

마네킹은 인간의 현실적인 체격과 달리 패션업계에서 통용되는 신체 사이즈가 반영된 발명품이라 해도 무방하며 일반 소비자들이 마네킹이나 패션모델이 입은 옷을 보고 자신의 몸을 학대해 허리띠를 졸라매선 안 된다.

마네킹은 사회, 경제, 문화적인 요소가 반영되어 수 세기를 거쳐 변화했는데 그 시대의 유행, 사회구성원들의 신체, 정서 그리고 미래의 희망 등이 수치화되어 시대마다 다양한 사이즈의 마네킹이 만들어졌다.

마네킹의 어원은 벨기에 북부 플랜더스 지역의 플레미쉬어로 '작은 사람, 조각상'을 의미하는 마네켄(manneken)에서 유래했으며 세계 최초의 마네킹은 1923년 하워드 카터에 의해 발굴된 이집트 투트(Tut) 왕의 무덤에서 나온 목제 마네킹으로 알려지고 있다.

1936년 태어난 신시아 웰즈는 영화에도 출연할 만큼 뛰어난 미모와 금발을 지닌 여성이었으며 항상 대사가 없는 역을 맡았다. 사실 그녀는 조각가 '레스터 가바(Lester Gaba, 1907년~1987년)'가 만든 마네킹으로서 얼마나 외모가 정교했던지 주변 사람들이 사람인 줄 착각할 정도였다고 한다. 또한, 가바는 신시아를 얼마나 아꼈던지 자신의 행사나 모임에 늘 그녀와 동행하였다고 한다.

얼마 후 가바는 2차 대전의 발발로 징집 입대했고 복무 중 신시아가 사망했다는 청천벽력과 같은 소식을 접하게 되었다. 이는 집안에 맡겨놓고 간 신시아가 사고로 파손되었다는 뉴스가 신문에 특종 보도된 것인데 당시 신시아가 얼마나 유명한 인사로 대접을 받았는지 알 수 있는 대목이다. 전쟁이 끝난 후 돌아온 가바는 신시아를 복구하여 업계에 내세워봤지만, 당시 특유의 헵번 스타일 헤어를 유행시켰던 오드리 헵번을 비롯, 수지 파커 같은 명배우들의 그늘에 묻혀 신시아는 역사 속으로 사라지게 되었다.

제2차 세계대전(1939년 9월 1일~1945년 9월 2일) 당시에 만들어진 마네킹들은 흔히 몸통에 비해 다리가 비현실적으로 짧았는데 이는 전쟁 중 배급제로 인한 물자 부족의 사회상을 풍자하기 위한 것으로 보인다. 이에 비해 신시아는 사람으로 착각할 정도로 정교하게 만들어졌으니 이례적이며 당시로선 유명 인사 대접을 받기에 충분했다.

개인적인 생각으론 마네킹의 원조는 우리나라 농촌의 황금들판에 서있는 허수아비가 아닐까 한다. 허수아비의 옷이야말로 묘하게 황금과 어울린다.

52

베니어판도
맞들면 가볍다

어려운 일도 여럿이 서로 도우면 쉽게 해결되며, 쉬운 일은 더 쉬워진다.

얇은 나무판을 여러 장 겹쳐 압착시키면 발로 밟아도 파손되지 않을 만큼 강해져 훌륭한 건축자재로 쓰인다.

베니어합판은 공사 현장이나 목재소 등에서 흔히 볼 수 있는데 제조과정에 대해선 생각해 본 적이 거의 없었다. 보통 베니어합판은 가로 × 세로(1220mm × 2440mm)에 (2.7mm~25mm)정도의 사이즈가 가장 많이 쓰이며 이 정도 넓은 판재를 구하자면 원목을 잘라선 불가능하다.

1797년 '새뮤얼 벤담(Samuel Bentham, 1757년~1831년)'이라는 영국의 공학자는 군함을 건조하는데 원목만으로는 넓은 판재를 구하기 어려운 점에 한계를 느껴 얇은 판재 사이에 접착제를 바르고 결에 따라 가로와 세로로 교차한 후 압착하는 베니어 제조법을 고안해 특허를 냈다. 이후 1860년에 프랑스에서 대량생산이 시작되었으며 1928년 미국에서 건설용 합판 제조 규격이 정해지기도 했다.

합판의 종류도 지금 얘기한 베니어(Veneer) 외에 MDF, OSB, CLT 등 여러 가지인데 간단하게 설명을 하면, MDF(Mediun Density Fiber Board)는 목재를 곱게 갈아 만든 톱밥에 접착제를 혼합하여 열압한 판재로 가격이 저렴하고 2차 가공성이 뛰어난 장점이 있는 반면, 습기에 취약해 잘 부풀고 베니어에 비해 곰팡이가 쉽게 피며 하중 강도가 약하다.

OSB(Oriented Strand Board)는 목재로서의 가치가 없는 길고 작은 나뭇조각들을 접착제와 혼합, 열압하여 만들며 밀짚 보드라고도 부른다.

베니어는 상대적으로 큰 나무를 사용하지만, OSB는 목재로서 가치가 없는 나뭇조각들을 사용하기 때문에 자연보호라는 측면에서의 장점이 크고 당연히 베니어판 보다 저렴하다. 많은 장점이 있지만 모든 합판의 공통점인 습기에 취약해 시공 시 테두리를 방수처리를 해주는 게 좋다.

CLT(Closs laminated timber)는 미래의 콘크리트라고 불릴 만큼 12층 이상의 구조물을 세울 수 있는 강력한 목재 제품으로 콘크리트를 대체할 소재로 주목받고 있으며 1990년대 오스트리아와 독일에서 만들어졌다.

CLT는 다른 합판에 비해 무척 많은 장점이 있다. 콘크리트와 비슷한 강도를 지니면서도 상대적으로 가볍고 목재 특유의 유연함을 가진 건축 소재이다. 제조법에 있어 여러 겹의 나무를 적층한다는 기본 개념은 동일하지만, 수직 방향으로 교차한 여러 겹의 목재판의 넓은 면, 또는 좁은 면의 방향을 서로 접착하여 만드는, 마치 벽돌을 쌓는 것과 비슷하다. 콘크리트 대신 각광받는 CLT는 목재임에도 화재에 굉장히 강하고 재활용 자원으로 만들어진 친환경 제품으로 머지않은 미래에 차가운 콘크리트 건물을 대신하여 우리 곁에 다가설 것이다.

53

이가 없으면
임플란트로 산다

이가 없으면 잇몸으로 산다. 두부 먹다 이 빠진다. 배 먹고 이 닦는다. 이 아픈 날 콩밥 한다. 등 여러 속담이 있지만, 그중에서 이가 없으면 잇몸으로 산다는 내용은 좀 수정되어도 괜찮을 것 같다.

과거에는 이를 다치거나 잇몸질환으로 이가 손상되면 무조건 이를 뽑았다. 손실된 이를 보완하기 위해 틀니를 끼우는 방식은 관리도 힘들고 미관상 좋지 않아 꺼리게 되었고 대신 브릿지 방식의 치료가 성행되었지만 멀쩡한 이를 깎아야 하는 단점 때문에 최근에는 임플란트(implant) 치료가 보편화되었다.

물론 기원전 600년 조개껍질을 이용하여 이를 심은 턱뼈가 온두라스(현 벨리즈)에서 발견되기도 하였고, 고대 이집트에서는 동물의 이빨이나 상아로 인공치아를 만들었던 시도가 있었던 만큼 임플란트의 역사는 생각보다 길다.

치아 손실은 인간에게 상당한 상실감을 안겨준다. 이를 극복하고

자 하는 노력은 꾸준히 이어져왔다. 현대적인 임플란트를 개발한 사람은 뜻밖에 치과의사가 아닌 스웨덴 룬트 대학의 정형외과 전문의 '브레네막(Per-Ingvar Branemark, 1929년~2014년)' 교수로 부러진 토끼의 다리뼈를 티타늄으로 연결하는 실험을 하던 1952년 어느 날 실험대상인 토끼의 다리뼈에서 몇 달 전 심어두었던 티타늄 막대를 뽑으려 했으나 이미 단단히 유착돼버린 티타늄을 제거하기가 힘든 것을 발견하고 이를 '골유착현상'으로 명명하였다.

교수와 그의 동료들은 이 실험에서 얻은 아이디어를 10여 년이 넘는 연구 끝에 1965년 드디어 첫 인체용 임플란트 시술에 적용했다. 당시 34세의 첫 환자인 '요스타 라슨'의 잇몸에 티타늄 지지대를 심어 뼈에 안정적으로 유착되게 하고 몇 개월 후 4개의 인공치아를 결합시키는데 성공했다. '요스타 라슨'은 2006년 그가 죽을 때까지 약 40년간 아무 이상 없이 인공치아를 잘 사용하였다. 브레네막 교수의 임플란트 식립은 성공적이었지만, 당시 의학계의 분위기는 금속의 '골유착현상'에 대해 부정적이어서 물리학자, 치과 의사, 생물학자들에게 티타늄의 '골유착현상'에 대한 안정성을 입증한 후에야 겨우 인정을 받게 되었다.

이후 임플란트 시술은 치과의사들 사이에서 널리 퍼지게 되었고 80년대 이후에 이르러서 활짝 개화되었다.

이가 없으면 웃는데도 제약을 받아 활짝 웃을 수 없다. 임플란트가 보급됨으로써 제대로 먹고 제대로 웃을 수 있게 되었는데 티타늄과 토끼 그리고 브레네막 교수에게 경의를 표한다.

54

사악한 기계에서
가정의 필수품이 된 재봉틀

아내가 안방에 놓인 재봉틀 돌리는 소리는 무척 안정감을 준다. 어릴 적 멀리서 들리는 다듬이 소리를 들어본 기억이 있는 분들이 라면 재봉틀 소리에 대해서도 이해가 쉬울 것이다.

요즘에야 세탁소나 옷을 수리해 주는 곳이 많이 있어서 재봉틀 없는 집이 더 많겠지만 한때는 재봉틀이 혼수품으로 손꼽히기도 했었다.

아무리 시대가 발전했어도 가끔 옷의 겨드랑이 터진 곳이나 소매 끝 등 작고 좁은 부분은 직접 바늘로 꿰매야 할 때가 있는데 그것만 해도 귀찮고 힘들게 느껴진다.

재봉틀이 없었을 때는 의복 제작이나 수리를 손바느질로 다 했으니 얼마나 힘들었을지 모르겠다.

모든 발명은 필요와 우연, 그리고 가난에서 탄생되는 경우가 대부분으로 재봉틀은 찌든 가난에서 피어난 산물이다.

제1차 산업혁명(1760년~1830년) 시기의 모든 의류회사들은 손바느질에서 벗어나 생산성을 높이기 위해 재봉틀을 만들고자 했지만, 기술적인 면에서 완벽하지 않았을 뿐 아니라 결정적으로 노동자들의 반대에 부딪혀 생산에 어려움을 겪었다.

재봉틀이 도입되면 자신들의 일자리가 없어질 것을 우려한 노동자들이 재봉틀을 '사악한 기계'로 낙인찍고 재봉틀 만드는 공장을 파괴했기 때문이다.

'일라이어스 하우(Elias Howe, 1819년~1867년)'는 1819년 미국 매사추세츠 주에서 태어났는데 선천적으로 병약해 결혼 후에도 가장으로서 책임을 다 못해 괴로워했다. 가난한 살림을 위해 종일 삯바느질에 매달리고 있는 신혼의 아내를 유심히 지켜보던 하우는 이 단순 작업을 기계가 할 순 없을까? 하고 골똘히 연구하다 마침내 '본봉(lock stitch)' 방식의 박음질을 착안해냈다. 본봉은 Single needle lock stitch/lock stitch/Single stitch 등으로 불리는데 윗실과 밑실의 교차지점을 잡아매주는 방식의 박음질이다.

발명품의 특허를 내고 업계에 열정적으로 재봉틀을 소개했지만 녹록지 않은 판매로 단 한 대의 재봉틀도 팔지 못한 하우는 1846년 영국으로 건너갔고 어렵게 특허권을 팔아 약간의 금액을 손에 쥔 채 돌아왔으나 불행하게도 몇 달 뒤 아내의 죽음을 맞게 되었다.

몇 년 후 자신이 발명한 특허를 도용한 'Singer 재봉틀'을 발견한 하우는 제작자인 '아이작 메릿 싱어(Isaac Merritt Singer, 1811년~1875년)'에게 1854년 특허권 침해 소송으로 승소해 15,000달러의 배상금과 미국 내 판매 제품 1대당 5달러의 로열티를 받게 되어 평생의 가난을 털어냈으나 정작 아내와 함께 행운을 나누진 못했다.

아이작 메릿 싱어는 원래 보스턴 기계공장에서 일하던 기계공이었으나 하우의 특허를 이용한 재봉틀을 만들어 한때 세계 최고의 'Singer 재봉틀'을 만든 장본인으로 돈 버는 사람은 따로 있나 보다.

미싱은 머신(machine)의 일본식 발음이니 잘 알고 써야겠다.

부록

상상 갤러리

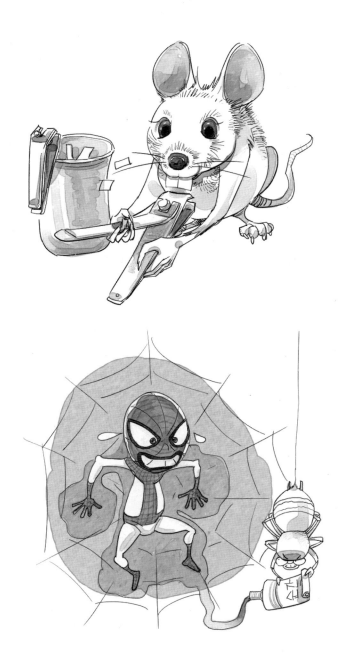

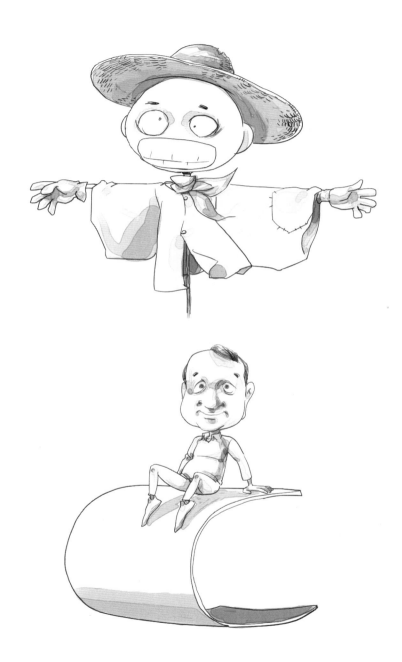

즐겨찾기

거미. 가리비 조개 10P

반사망원경. 벤저민 팔머 11P

GPS. 지남거 12P

귀곡자. 자이로스코프 13P

유리병 통조림 14P

호멜. 스파이스드 햄. 레토르식품 15P

비닐우산. 종이우산. 조나스 한 웨이(Jonas Hanway) 18P

접이식 우산 19P

손거스러미. 내향성 발톱 20P

777(쓰리세븐) 21P

지혈. 베트남 전쟁 22P

이스트먼코닥사. 이스턴910 23P

나르키소스. 흑요석 24P

청동거울. 유스투스 폰 리비히(Justus von Liebig) 25P

나훈아. 아웃도어. 캠핑 26P

발열 27P

스카이콩콩. 스프링. 용수철 28P

훅의 법칙 29P

크리켓 30P

상아. 존 웨슬리 하얏트(John Wesley Hyatt) . 셀룰로이드. 코끼리 31P

소비자물가지수. 오일쇼크 33P

불쾌지수. 윌리스 해빌랜드 캐리어(Willis Haviland Carrier) 34P

우주쓰레기. 케슬러 신드롬. 블랙홀 35P

진드기 36P

번개. 프랭클린 38P

지구온난화 39P

옴니엘피에스(OMNILPS) 40P

장자. 수렵 41P

각궁. 설문해자 42P

신대륙 44P

바늘구멍 45P

피하주사기. 프란시스 린드(Francis Rynd)

47P

2차 감염. 일회용 주사기. 바늘 없는 주사기 48P

구름베어링 49P

리커창. 심해유인잠수정 50P

우주선 51P

윌리엄 페인터(William Painter) 52P

크라운 캡 53P

앙금. 마빈 스톤(Marvin C. Stone) 54P

레모네이드 55P

먹이사슬. 빨대 사용 금지법 56P

손가락. 스티브 잡스. 채륜. 흑연 57P

파버카스텔사. 하이만(Hymen L. Lipman) 58P

전자펜 59P

폭포. 수압차 60P

스마트 샤워기 61P

말콤 맥린(Malcom McLean) 62P

아이디얼-X. 내후성강 63P

포보스지. 트위스트 락 64P

폴리에틸렌 65P

접철식 컵. 카톤팩. 존 반 워머(John Van Wormer) 66P

빨랫감. 제임스 킹(James King) 67P

탈수기. 짤순이 69P

녹내장. 프로스타글란딘. 속눈썹 70P

FDA. 성냥개비 71p

버블랩. 벽지 72P

마르크 사반. 실드 에어(Sealed Air). 라미네이트 완충제 제조방법 73P

코닝사. 모스경도. 텔로미어(Telomere) 76P

휘트컴 저드슨(Whitcomb L. Judson). 워커 77P

굿리치(Goodrich), 지퍼-업(Ziper-Up) 78P

비밀번호. 80P

닐스 볼린(Nils Bohlin). OECD 81P

한의학. 82P
스트레칭. 신신파스 83P
피렌체. 로오디 다 오그리 (Roidi da Ogli) 84P
구텐베르크 성서. 85P
스마트 안경 86P
해리 브리얼리(Harry Brearley) 87P
합금강. 마르텐사이드(Martensite) . 포신 88P
모래. 90P
자외선. 과냉각 액체 91P
에디슨 93P
양초시계. 각촉부시(刻燭賦詩) 94P
파라핀초 95P
수경성. 비수경성 96P
이산화탄소 97P
전통 다리미. 숯불 다리미 99P
트리즈(TRIZ) 100P
겐리히 알트슐러(Genrich Altshuller) 101P
GPS . 블랙박스. 산악자전거 102P
찰스 굿이어(Charles Goodyear) 104P
보르도 랠리 105P
플라잉 카 106P
유튜브. 자베 드 카림(Jawed Karim). 샌디에고 동물원. 코끼리 109P
전해질. 알렉산드로 볼타(Alessandro Volta) 111P
1차 전지. 2차 전지 112P
베르너 나흐티갈. 도요새 114P
족집게. 지렛대 115P
4차 산업. 우주시대 116P
나로우주센터. 챌린저호 117P
아놀드 호그. 118P
우에다 히로시. 새벽 3시의 발명 119P
루브르 박물관 120P
스펜서 실버(Spencer Silver) 121P
영국문화원 123P
유방암. 에스트로겐. 낙태 124P

티백. 토마스 설리번 125P
비단 주머니 126P
리바이 스트라우스(Levi Strauss). 골드러시 (gold rush) 127P
천막 128P
리벳 129P
도마뱀. 오카다 요시오. 초콜릿 130P
올파(OLPA) 131P
칼디(Ksldi). 종교의식. 예멘 133P
바바 부단. 커피믹스 134P
다람쥐 똥 커피 135P
루스벨트(Franklin Delano Roosevelt). 폴리오 136P
조너스 소크(Jonas Salk) 137P
알버트 사빈(Albert Sabin) 138P
선화지(仙花紙). 백운화상초록불조직지심체요절 139P
구텐베르크. 채륜 140P
코끼리 141P
구매 후 부조화 142P
마네켄(manneken). 신시아 웰즈. 레스터 가바(Lester Gaba) 143P
새뮤얼 벤담(Samuel Bentham) 145P
톱밥. CLT 146P
브레네막(Per-Ingvar Branemar). 티타늄. 토끼. 요스타 라슨. 골유착현상 149P
혼수품 150P
제1차 산업혁명. 일리아스 하우(Elias Howe). 본봉(lock stitch) 151P